대진대 DMZ연구원 연구총서 ②

DMZ 평화와 접경 협력

김효은 · 박영민 · 박은주 · 서보혁
신성희 · 현승수 · 황수환

한누리미디어

| 서문 |

대진대학교 DMZ연구원은 2009년 설립된 이래 줄곧 DMZ와 관련된 도전적이고 창의적 연구를 축적해 왔다. 한반도 DMZ를 포함한 세계의 DMZ와 관련된 연구와 학술행사를 통해서 남북 평화정착 및 교류 · 협력을 위한 정책대안을 제시하였다. 본 연구총서는 2020년「DMZ 평화와 가치」에 이은 대진대학교 DMZ연구원의 두 번째 총서이다. 이번 총서는「DMZ 평화와 접경협력」이라는 주제로 기획되었다.

그 동안 발표된 국내의 DMZ 관련 상당수 연구들은 추상적이거나 당위론적 관점에 머물러 있는 경향을 보였다. 그러나 2018년 남북정상회담과 9.19 남북군사합의 이후 DMZ는 더 이상 접근불가 영역이 아니며 현실적 의제임을 보여주었다. 이에 본 총서는 DMZ가 지닌 평화 가치를 바탕으로 DMZ가 남북 교류협력과 평화통일을 매개하는 데 있어 어떤 함의를 지니고 있는지를 논의하고 있다. 또한 이를 위한 지속가능한 실천방안을 제시하고 있다.

눈앞의 남북관계는 2019년 2월 하노이 북미정상회담 이후 교착상태를 벗어나지 못하고 있다. 더욱이 금년 초 출범한 미국의 바이든 정부 대북정책이 이전 트럼프 정부와는 다른 양태를 보일 것으로 전망되는 가운데 북미관계가 일단 탐색 국면에 있다. 특히 2020년 초 세계를 엄습한 COVID-19로 인해 남북 교류 · 협력은 전면 '올 스톱' 상태에 있다.

그럼에도 불구하고 DMZ는 평화의 '장소성(placeness)' 과 '역사성(historicity)' 을 여전히 함축하고 있으며, 동시에 중요한 탐구 주제로서 더욱 냉철히 조명되어야 한다. 특히 전쟁의 산물인 DMZ를 평화의 공간으로 불가역적으로 전환시키기 위해서는 체계적인 준비가 요구된다. DMZ의 평화지대화를 실현하기 위해서는 항구적 평화 비전과 다양한 관련 연구의 축적, 그리고 효과적 실천전략과 방안을 구상해야 한다.

본 총서는 이러한 맥락 하에서 제1부 「DMZ · 접경지역과 평화」, 제2부 「DMZ · 접경지역과 거버넌스」, 제3부 「DMZ · 접경지역과 남북 교류협력」으로 구성되었으며, 각 주제별로 관련 연구논문들이 배치되어 있다. 주제별로 DMZ와 접경지역에 관한 국내 최고 전문가들의 귀중한 연구가 실려 있어 학술적으로 큰 의미를 갖는다고 자부한다.

끝으로 본 총서에 흔쾌히 옥고를 주신 김효은(DMZ연구원), 박영민(대진대학교), 박은주(통일연구원), 서보혁(통일연구원), 신성희(경기연구원), 현승수(통일연구원), 황수환(경남연구원) 박사님들에게 고마운 마음을 전한다. 그리고 본 연구원이 중견 연구기관으로 도약할 수 있도록 물심양면에서 지원을 아끼지 않으신 대진대학교 임영문 총장님께 머리 숙여 감사드린다. 본 총서가 나오기까지 DMZ연구원의 한지훈 연구원이 쏟아 부은 에너지도 결코 빼놓을 수 없다. 더불어 출판 시장의 어려운 조건을 따지지 않고 본 총서의 출판을 기꺼이 수락해 주신 한누리미디어 김재엽 대표님께도 깊은 사의를 표한다.

2021년 2월 28일

대진대학교 DMZ연구원장 **김 정 완**

대진대 DMZ연구원 연구총서 ❷

DMZ 평화와 접경 협력

CONTENTS

제1부
DMZ · 접경지역과 평화

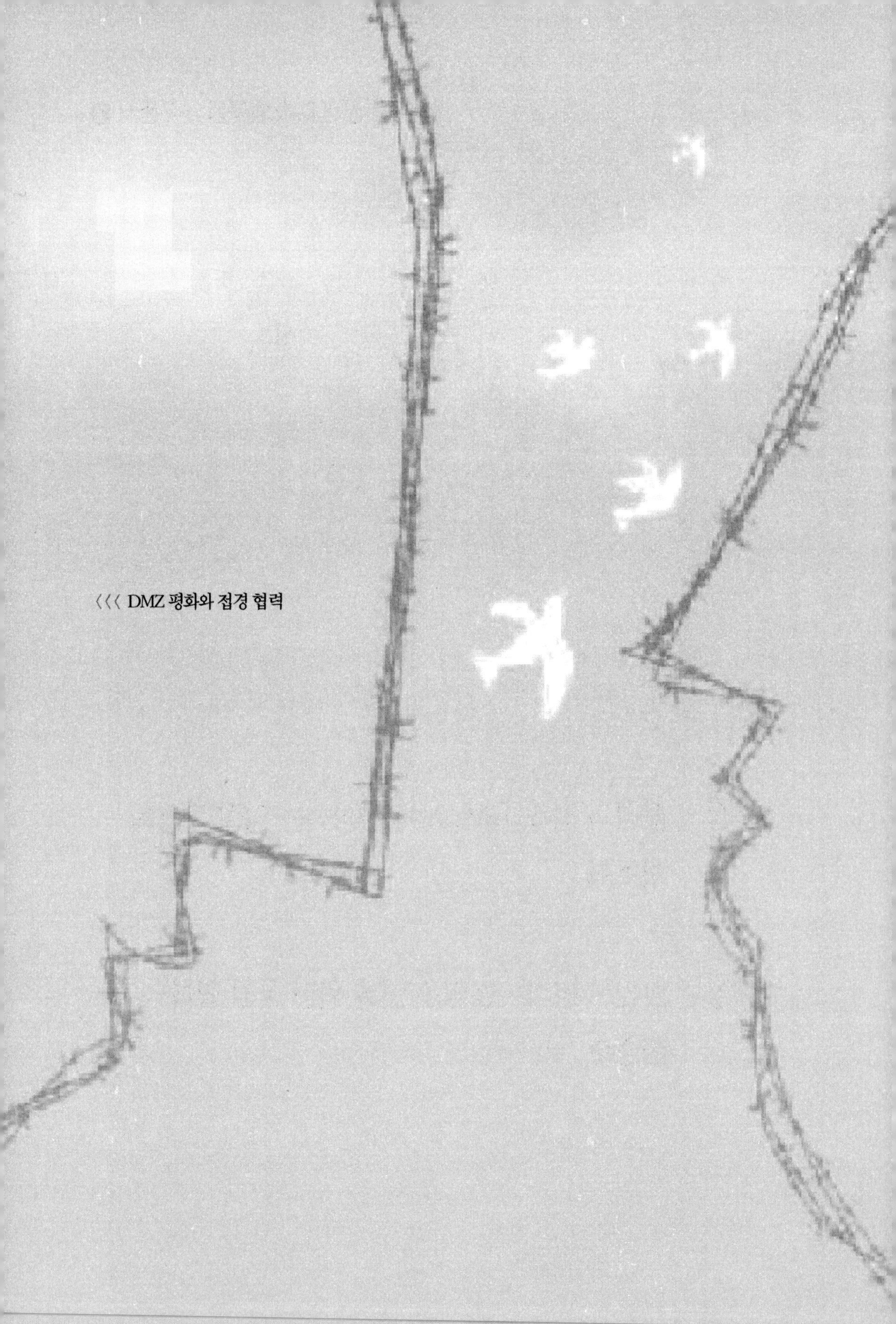

〈〈〈 DMZ 평화와 접경 협력

제1장 _ 접경과 평화: DMZ에서 상상하는 양질의 평화

서보혁 _ 통일연구원

I. 여는 말

2018년 봄을 잠시 상기해보자. 2017년 말까지 북한 김정은 정권과 미국 트럼프 정권은 극한적인 대결로 한반도를 긴장의 소용돌이로 몰아넣었다. 두 사람이 뱉어내는 언사는 전쟁을 상상하기에 부족하지 않았다. 그 사이 한국은 평창 동계올림픽에 북한을 참여시키고 북한과 미국의 대화를 주선하며 평화무드를 만드는데 여념이 없었다.

2018년 봄은 그렇게 겨우 찾아왔다. 그리고 그 봄은 휴전선이 통과하는 비무장지대(Demilitarized Zone: DMZ) 일대에도 찾아왔는데, 판문점 남북정상회담이 봄을 데려왔다. 그리고 남측 DMZ 일대에서는 동쪽에서 서쪽까지 전국에서 모여든 대중들의 평화의 인간띠잇기가 진행되었다. 판문점 공동선언에서는 평화와 안보, 인도주의, 교류협력 등 다방면의 합의가 있었는데, "비무장지대를 실질적인 평화지대로 만들어 나가기로 하였다"는 합의도 포함되었다. 이것은 긴장완화와 전쟁위험 해소 방안으로 제시된 것이지만 대결의 전초지역으로 남아있던 남북 접경지역 주민들에게는 이제 편하게 잠잘 수 있고 다른 지역처럼 경제활동도 자유롭게 할 수 있겠다는 희망을 불러일으켰다. 그렇게 2018년의 봄은 접경지역 주민들에게 공기 같은 평화를 일상에서 누릴 기회를 가져다주는 듯하였다.

그런데 2018년 평화무드는 지속되지 못했다. 2019년 2월 말 이후 사라졌다. 대화가 중단되고 다시 긴장이 고개를 내밀기도 했다. 접경지역에서는 평화가 일상이 아니라 긴장과 대립이 익숙했던 것 아닌가. 그런데 접경에서 생각하는, 지역 주민들이 그리는 평화는 무엇일까? 그것은 언제, 어떻게 나타날까? 그에 앞서 접경, 경계라는 말은 언제나 부정적이고 어두운 의미만 갖고 있을까? 이 장에서는 접경과 경계, 그리고 평화의 의미를 접경지역사회의 시각에서 살펴보고, 분단 한반도에서 접경지역과 평화를 구체적으로 어떻게 그릴 수 있는지 생각해보고자 한다. 이상의 문제의식을 풀어나가기 위해 2절에서는 접경과 평화의 의미를 이론적으로 살펴볼 것이다. 이어 3절에서는 접경지역에서 전개되어온 비평화적 현상을 성찰한 뒤, 4절에서 '양질의 평화'라는 개념을 적용해 접경지역에서의 평화를 그려볼 것이다. 5절에서는 본문의 논의를 요약하고 더 생각할 바를 간략히 토의해볼 것이다.

배경 지식을 위해 먼저 DMZ와 관련 용어를 간략히 소개한다. 분단 한반도에서 접경지역은 1953년 7월 27일 판문점에서 체결된 정전협정 하에서 그어진 군사분계선(Military Demarcation Line: MDL)과 접한 인근 지역을 말한다.

그림 1. 민통선 마을과 비무장지대, 민간인통제지역, 접경지역

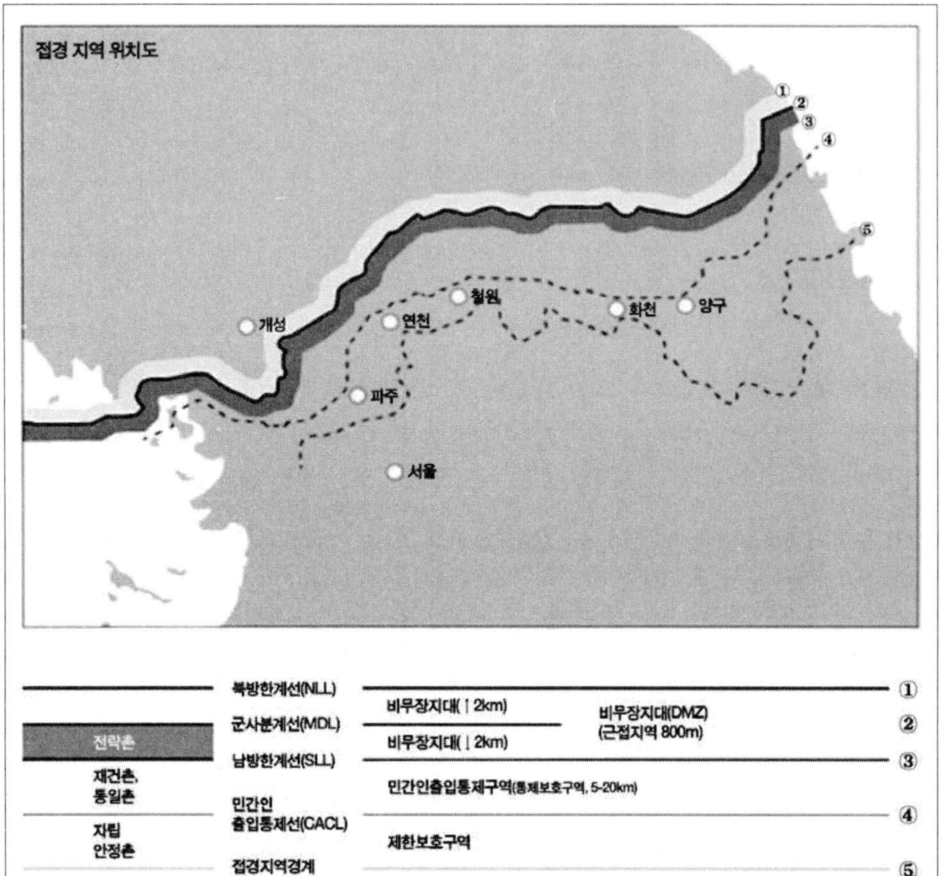

* 자료: 우승하 외, 『두루미가 자는 민북마을 이길리』, 강원민속문화의 해 민속조사보고서, 국립민속박물관, 2014.06, pp.92-98; 김일한, "중무장지대의 비무장 민간인들 - 강원도 민통선 마을," 동국대 북한학연구소 DMZ평화센터 · 강원대 통일강원연구원 공동학술회의 자료집, 「광복 70년 · 분단 70년: DMZ에서 새로운 평화를 모색하다」(강원대학교: 2015.5.29.), p.69에서 재인용.
* 주: 비무장지대(DMZ: De-Militarized Zone), 민간인통제지역(CCZ: Civilian Control Zone 또는 CCA: Civilian Control Area), 접경지역지원법상 접경지역

군사분계선에서 남방한계선까지를 '비무장지대(DMZ, Demilitarized Zone)', 남방한계선으로부터 민간인출입통제선까지를 '민간인출입통제구역', 그리고 민간인 출입

통제선 남방지역인 '제한보호구역'으로 구분할 수 있다. 군사분계선을 기점으로 비무장 지대는 휴전선 남북 방향으로 약 2km 후방 지역이고, 그 남측 구역은 유엔(UN) 군사정전위원회가 관리한다. 접경 지역 중에서 민북지역은 남방한계선과 민간인출입통제선의 사이인 민간인 출입통제구역이며, 민통선 마을은 민간인 출입통제구역에 형성된 마을이다.[1)]

II. 접경과 평화의 개념

1. 접경의 개념

접경지역은 경계를 접하고 있는 일정한 지리적 공간을 말한다. 이때 경계는 산과 강에 의해 자연적으로 만들어진 지리적 구획일 수 있다. 그런 경우에도 시간이 흐르고 국가와 지역사회, 지역사회 집단 간 관계, 그리고 집단들의 선호에 따라 정치와 경제, 그리고 문화가 만들어질 수 있다. 이 글에서 접경은 자연지리적 의미보다는 인문지리적 의미에서 다루고 있다.

경계는 권력과 관련된 개념으로서 접경지역 내에서의 동질감을 형성하고 질서가 만들어진다. 대신 해당 지역에 이웃하고 있지만 그 지역 밖의 집단과는 차이가 강조되면서 경쟁과 대립이 형성될 수 있다. 대부분의 경계는 상징적인 특성과 물질적인 특성을 동시에 지니고 있다.[2)] 경계 개념을 정치와 역사에 적용해보면 그 의미가 더 뚜렷해질 것이다. 냉전 시기 세계를 양분하고 물질적 · 정신적 이동을 제한하는 경계가 있었다. 그 경계는 자본주의와 공산주의의 대결, 혹은 자유진영과 공산진영의 경쟁이었다. 한반도의 분단도 냉전시대의 경계의 극단적 형태였고 휴전선이 냉전 경계를 강화했다. 이렇게 세계적 냉전의 경계이자 해당 국가 혹은 민족의 분단을 불러온 것을 정근식은 '분경'이

---

1) 김일한, "중무장지대의 비무장 민간인들," – 강원도민통선마을," 동국대북한학연구소DMZ평화센터 · 강원대통일강원연구원공동학술회의자료집, 「광복70년 · 분단70년: DMZ에서새로운평화를모색하다」(강원대학교: 2015.5.29.), pp.69-70.

2) 가브리엘 포페스쿠 지음, 이영민 · 이용균 외 옮김, 『국가 · 경계 · 질서』(서울: 푸른길, 2018), pp.25, 26.

라고 부르고 있는데,[3] 한반도 분단 외에도 베를린 장벽이나 베트남의 17도선의 휴전선도 그런 예이다.

경계를 통해 영역이 만들어지고, 경계는 해당 영역의 안과 밖을 나누어준다. 대표적인 경계의 예인 국경은 자국과 타국, 우리와 그들을 만들어내며 내적 동일시와 외적 차별화를 이끌어낸다. 국가권력은 이와 같은 경계짓기를 통해 국가다움을 국민들에게 요구하고 그것을 반복함으로써 권력과 대중을 일체화 시켜 국가의 지속과 발전을 추구한다. 이와 같이 경계는 공간을 형성하는 수단이자 상징으로 작용한다. 분단 이후 남·북한의 권력은 휴전선을 경계로 삼아 그 안과 밖을 확실하게 나누고 차별하며 내부의 총화단결을 추구하였다. 휴전선 이남과 이북은 서로에게 총부리를 했던 적대세력이다. 적 앞에서 내부의 다양성은 인정되지 않았고 단결을 저해할 소지가 있는 언동은(심지어 마음까지) 억압받아야 했다. 이때 접경지역은 대내적으로는 단결, 대외적으로는 대립을 가장 잘 과시하는 공간이 되어야 한다. 그것은 경계짓기를 통한 일종의 국가주권을 다지는 의미가 있지만, 경계짓기는 대개 국가권력 주도, 대중 배제의 양상을 띤다. 접경지역 주민들은 단결을 외치고 적대세력과의 대치의 최전선에 서는 역할을 부여받기 때문에 개개인의 자유와 그들이 속한 집단의 삶은 희생을 감수해야 한다. 이때 널리 호명되는 것이 국가, 안보, 반공(승공, 멸공)이고 한반도 현실에서는 통일, 민족도 호명되지만 그것은 국가, 안보, 결국 권력을 위한 명분에 불과하였다. 민주주의, 인권, 아니 그보다 더 시급한 생존도 주장하기 어려웠던 것이다. 권력에 의한 경계짓기는 권력을 위한 것이지 대중의 삶과는 유리된 것이다. 세계적 냉전이 종식되어도, 북한은 말할 것도 없고 민주화된 남한에서도 접경지역에서의 권력정치는 지금까지 본질적으로 변함이 없다.

그러나 경계, 접경지역을 권력정치의 시각에서만 보면 일면적이고 정태적으로 볼 우려가 있다. 접경지역에서도 사람이 살고, 정치·군사만이 아니라 경제, 사회문화 현상이 일어나기 때문이다. 그리고 경계를 둘러싼 대외적 환경의 변화도 접경지역에 영향을 미친다. 경계 주변의 정치집단들의 관계가 대립에서 협력으로 전환되면 접경지역에서도 긴장이 완화되어 접촉과 교류가 일어날 것이다. 그러면 접경지역은 주목을 받으며 이주, 투자, 관광 등 역동성이 커질 수 있다. 거기에 국제질서가 개방화, 시장화, 세계화

3) 정근식, "냉전 · 분단 경관과 평화," 『황해문화』, 100호(2018), pp.153-182.

로 나아갈 경우 해당 접경지역 역시 그런 영향을 받을 것이다. 물론 경제적 세계화가 자본, 상품, 기술, 노동 등 모든 면에서 같은 속도와 범위로 개방되는 것이 아니므로 그에 대한 접경지역의 영향도 단일하지 않을 것이다. 또 개방화에도 불구하고 접경지역은 폐쇄, 대립, 긴장 등 기존 성격이 개방, 협력, 평화로 완전 전환되지 않고 이들이 경합하면서 다양한 가능성을 안고 진행될 수 있다. 그럴 경우 접경지역은 첫째, 영역에서 안보 중심성이 약화되고 경제, 사회, 문화 등 관심사가 확대되고, 둘째, 그에 따라 행위자도 국가(중앙정부), 군대 중심에서 지방자치단체, 시민단체, 기업, 국제기구의 역할도 일어나고, 셋째, 행동양식도 일체형, 위계형에서 다원형, 개방형으로 변화할 것이다. 나아가 경계로 나뉘어 있는 접경지역사회 간 접촉과 교류의 증대로 경계를 초월하는 횡단경계연합(cross-border cooperation)이 일어날 수 있다.

횡단경계연합은 지역과 세계 차원에서 경계를 두고 인접한 공동체들이 상호 필요와 합의와 의해 교류협력 함으로써 만들어내는 새로운 협력을 말한다. 이런 현상은 협력의 범위, 수준, 참여자 범위 등에 따라 다양한 형태를 보일 수 있다. 그 결과 차이와 구별을 만들어온 경계가 약화되거나, 특히 국경을 통해 나뉘어진 영토의 의미가 퇴색할 수도 있다. 그렇지만 횡단경계연합에서 발생하는 현상들이 모두 탈경계화, 탈영토화로 이어지지 않을 수 있다. 왜냐하면 횡단경계연합에 참여하는 행위자에 국가, 그 영역에 국가 이익, 그 수준에 국가 간 경쟁이 지속될 수 있기 때문이다.[4] 개성공단사업을 횡단경계연합 개념을 적용해 평가해보면 다양한 해석이 나올 것이다.

2. 평화의 개념

우리가 평화를 추구하는 이유는 현실에서 평화가 충분하기보다는 폭력에 더 노출될 우려가 있기 때문일 것이다. 그래서 평화 논의는 폭력과 함께 할 때 더 풍부하게 진행할 수 있다. 평화학을 peace studies라고 하지만 그것은 peace and conflict studies의 줄임말로 보는 것이 타당하다. 평화학의 대가 갈퉁(Johan Galtung)은 "평화를 창조하는 것은 폭력을 줄이는 것(치료)과 폭력을 피하는 것(예방)과 분명히 관련이 있다"[5]고 말했

4) 포페스쿠 지음, 『국가 · 경계 · 질서』, pp.188-192.

다. 갈퉁은 폭력이 직접적(물리적) 폭력, 구조적 폭력, 문화적 폭력으로 이루어져있기 때문에 평화도 직접적, 구조적, 문화적 평화를 함께 추구해야 한다고 말한다.[6]

물리적 폭력이 없더라도 나 자신과 우리 사회, 나아가 세계는 평화롭지 못한 상태에 처한다. 비평화(peacelessness)라는 말은 이런 상태를 잘 짚은 용어이다. 비평화의 사전적 의미는 "부조화, 폭발 직전의 갈등, 혹은 전쟁의 징조를 보이는 상태" 등이다. 이는 비평화가 전쟁을 포함한 물리적 폭력을 수반할 정도의 갈등이나 여러 원인들이 겹쳐진 복잡한 문제를 내포하고 있음을 말한다. 인도의 평화학자 다스굽타(Sugata Dasgupta)가 1967년 국제평화학회에서 발표한 "비평화와 나쁜 개발(Peacelessness and Maldevelopment)"이라는 논문에서 처음 이 단어를 제안했다.[7] 그 논문에서 다스굽타는 비평화라는 신조어를 이용해 제3세계 대중의 삶을 묘사하고 대안을 모색하였다. 일반적으로 평화의 반대를 전쟁이라고 말하지만, 그는 전쟁이 없는데도 평화가 존재하지 않는 점에 착안하여 그것을 평화 없음, 곧 비평화라 보았다.[8] 한반도에도 적용해볼 만한 개념이다. 한국에는 성장, 이익을 위해 개발이 남발되어 왔고 접경지역에서도 규제해제가 진행되면서 개발이 추진되고 있다. 그런데 그 개발의 목표는 무엇이고 누가 그 혜택을 누릴 것인가? 이것은 군사적 대립 속에서 인권을 억압해온 행태와 함께 비평화적 현상으로 지목할 수 있다.

갈퉁의 소극적/적극적 평화, 다스굽타의 비평화 외에도 평화는 다양한 의미로 쓰일 수 있다. 그 강조점에 따라 평화는 예를 들어 민주평화, 자유주의적 평화, 안정적 평화, 사회주의적 평화, 지속가능한 평화, 정의로운 평화, 시민의 평화, 초합리적 평화 등 그 의미가 넓어지고 있다.[9]

이 책에서 주목할 평화 개념으로 양질의 평화(quality peace)을 제시해 보고자 한다. 월렌스틴(Peter Wallensteen)은 분쟁을 겪은 사회에서 그 후 평화구축의 과제를 고민하면서 이 용어를 제안하였다. 그가 이야기하는 양질의 평화란 우선 분쟁이 재연되지 않

5) 강종일 · 정대화 · 임성호 · 김승채 · 이재봉 옮김, 요한 갈퉁 지음, 『평화적 수단에 의한 평화』(서울: 들녘, 2000), p.19.

6) 위의 책; Johan Galtung, *Peace by Peaceful Means*(London: Sage, 1996).

7) Sugata Dasgupta, "Peacelessness and Maldevelopment: A New Theme for Peace Research in Developing Nations," International Peace Research Association, 1967.

8) 서보혁, 『한국 평화학의 탐구』(서울: 박영사, 2019), pp.120-121.

9) 서보혁 · 정욱식, 『평화학과 평화운동』(서울: 모시는사람들, 2016), pp.24-28.

고 대중의 '안전'이 보장되고, 대중의 삶이 단순히 생존을 넘어 '존엄'한 수준으로 영위되는 상태가 '지속'되는 것을 말한다.[10] 접경지역의 평화, 접경을 통해 대립해 온 공동체들의 관계 전환은 양질의 평화 개념이 포함하는 세 요소를 충족할 때 실현할 수 있다. 이 글은 경계와 평화를 핵심 개념으로 하여 DMZ 접경지역의 실태(비평화)를 성찰해보고 그 미래(평화)를 그려보고자 한다.

III. 접경지역의 비평화

1. 대결의 접경지역

정전상태의 분단 한반도에서 남북 간 군사적 긴장은 반도를 다시 전쟁의 소용돌이로 빠져들게 할 수 있다. 그럼에도 분단 권력과 주변 강대국들의 분단체제의 현상유지 전략이 선호되면서 전면전은 통제되어왔다.[11] 그렇지만 접경지역은 대결의 전초지역으로서 긴장이 팽팽하게 유지되었다.

전쟁으로 분단이 고착화 된 이후 남북한은 상대 체제를 부정하고 대립은 물론 군사적 충돌을 중단하지 않았다. 정전협정 당사자들[12]은 남북한의 군사적 충돌을 금지하고 협정 이행을 감시하는 기구를 만들어 운영했다. 그러나 남북의 정전협정 위반은 비일비재했고 군사 충돌은 지속되었는데 그 장소 대부분이 DMZ와 접경지역이었다. 이를 인내심을 갖고 추적한 연구에 따르면, 북한군과 유엔사가 함께 작성한 「월간 정협 위반통계」에서는 쌍방의 정전협정 위반사례에 대해 북측 위반(유엔사 측 작성) 425,271건, 남측 위반(북한군 측 작성) 835,563건으로 각각 보고되었다. 이렇게 남과 북의 군사충돌 사례에 대한 통계에 큰 차이가 나는 것은 우선 북한 측의 정치선전적 의도에서 비롯된

---

10) Peter Wallensteen, *Quality Peace: Peacebuilding, Victory, & World Order* (New York: Oxford University Press, 2015).

11) 홍석률, 『분단 히스테리: 공개문서로 보는 미중관계와 한반도』(파주: 창비, 2012) 참조.

12) 정전/평화협정 당사자는 법적 당사자와 실질적 당사자로 구분할 수 있다. 한국전쟁 정전협정의 법적 당사자(서명자)는 국제연합군사령관 미 육군 대장 마크 W. 클라크, 조선인민군총사령관 김일성, 중국인민군지원군사령관 팽덕회이다. 한국은 법적 당사자는 아니지만 국제연합군에 속해 전쟁에 참여했으므로 실질적 당사자에 해당한다.

것이다.[13]

그 가운데서 DMZ와 그 인근에서 벌어진 군사충돌을 북한측 자료(관영 『로동신문』)를 통해 보자. 1945년 11월부터 2014년까지 DMZ 군사충돌 사례를 DB화 한 결과, 『로동신문』에 나타난 DMZ 지역 주요 정전협정 위반 건수는 육상 1,423건, 해상 425건, 공중 661건, 계 2,509건이다. 이를 주요 위반 유형으로 재구성해보면 육상의 총포격 768건, 공중의 비행기 월경 610건, 군경비함 월선 316건, 침투교전 시 군인 사망 179건, 군인 생포 또는 부상 148건, 무장 습격 99건, 군사분계선 침투 81건, 쌍방 교전 68, 어선 및 군함 나포·침몰 48건, 해상의 총포격 30건 등의 순으로 나타났다. 충돌이 이토록 다양하고 지속적으로 일어난 것이다.[14]

이와 같이 정전 이후에도 남북한은 주로 DMZ 일대에서 군사적 충돌을 계속해왔다. 이런 군사적 충돌을 뒷받침해주기 위해 남북한은 한편으로 군사비 지출을 늘리고, 다른 한편으로는 상대에 대한 적대감을 고취시켜왔다. 물론 70년 넘는 분단체제 하에서 남북 사이에 대화가 없었던 것이 아니다. 분단권력의 상호 필요에 의해, 그리고(혹은) 국제정세의 변화에 따른 불가피한 선택으로 남북은 대화에 임해, 원칙적인 통일 합의와 함께 교류협력에 나서기도 하였다. 그럼에도 분단이 지속되는 한 두 분단권력 사이의 협력은 태생적인 한계를 가질 수밖에 없다. 2018년 평화무드로 남북관계가 대결에서 대화로 바뀌는 듯 했지만, 그 사이 북한은 핵능력을 고도화 시켰다(그림2 참조). 북한은 미 본토까지 도달할 수 있는 장거리미사일과 핵탄두를 갖고 있고, 이제는 잠수함발사탄도미사일(SLBM) 개발에도 박차를 가하고 있다.

한국은 북한에 평화 제스처를 취하는 경우가 있기도 하지만 미국의 핵우산 아래서 미제 위주의 첨단무기 도입 등 국방력을 강화하고 있다. 문재인 대통령은 2021년 1월 21일 국가안전보장회의(NSC) 전체회의에서 "강한 국방이 평화의 기반이다" 고 전제하고 "우리 정부 들어 국방예산 증가율이 8%대를 기록하면서 지난해부터 국방비 50조원 시대를 열었다" 고 밝혔다.[15] 이로써 한국은 북한보다 국방비가 14배 많고,[16] 국제 군사력평가기

13) 김용현 · 이창희, "중무장지대가 된 완충지대: DMZ 군사충돌 사례," 동국대 북한학연구소 DMZ평화센터 · 강원대 통일강원연구원 공동학술회의 자료집, 「광복 70년 · 분단 70년: DMZ에서 새로운 평화를 모색하다」(강원대학교: 2015.5.29.), p.39.

14) 위 논문, pp.55-57.

15) 『머니투데이』, 2021.1.21.

구에 따르면 2020년 한국의 군사력은 세계 6위(북한은 18위)로 평가되었다.[17)]

그림2. 북한 광명성-4호 발사(2016.2.6.) 과시 삐라

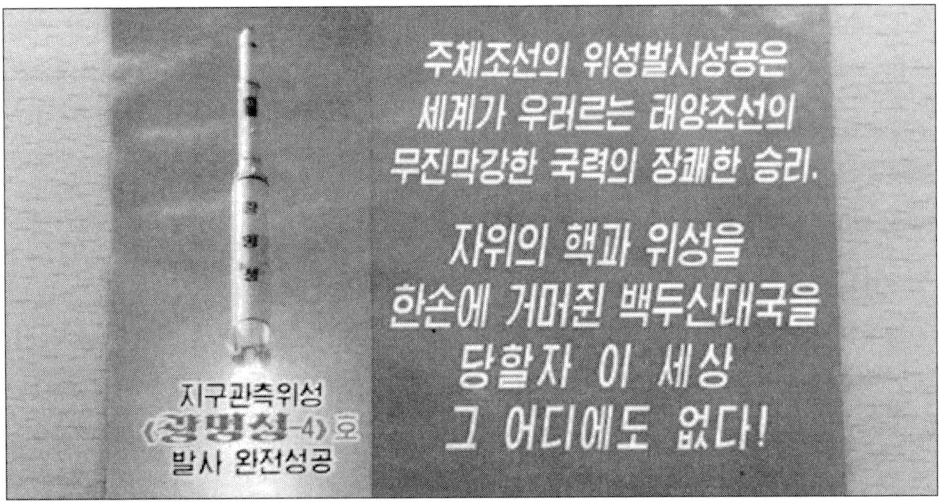

* 출처: 경기도 파주 인근 야산에서 습득(2016. 날짜 미상)

2. 비평화의 얼굴들

국제질서와 남북한 정권의 부침에도 불구하고 분단체제의 지속으로 전쟁 위기는 통제되지만 깨지기 쉬운 평화(fragile peace)가 이어졌다. 양질의 평화 개념에 비춰볼 때 분단체제 하의 접경지역 주민들은 내륙에서는 상대적으로 덜 느낄 수도 있는 전쟁의 위험을 일상에서 체험하면서 존엄하지 못한 삶을 강요당했다. 그리고 그런 상태가 언제 개선될지 기약이 없이 이어지고 있다.

민주화가 되어 민통선 마을 사람들이 그동안 억압된 권리를 되찾으려는 생각과 때로 의사표현을 하는 경우도 있다. 그럼에도 여전히 민통선 마을은 법제도적 규제를 받고 있다. 기본적으로 민통선 마을 중에서 통일촌, 재건촌이 설치된 곳의 토지와 주택은 해당 주민들의 소유권이 인정되지 않고 거주권만을 인정해 왔다.[18)]

16) 『미디어오늘』, 2021.1.19.
17) 『VOA Korea』, 2020.4.10. 물론 이런 평가는 재래식 위주여서 북한의 핵능력에 유의할 필요가 있다.

민통선 마을과 그 주민들에 대한 규제는 촘촘하다. 마을은 군사기지 및 군사시설보호법에 따라 통제보호구역과 제한보호구역으로 구분한다. 법에 명시한 통제보호구역의 금지 또는 제한 사항은 첫째, 통제보호구역에 해당하는 구역 또는 군사기지 및 군사시설에의 출입을 금지한다. 다만, 군사 작전상 장애가 되지 아니하는 범위에서 대통령령으로 정하는 지역은 허가를 받지 않고 출입할 수 있다. 둘째, 통제보호구역 안에서의 주택의 신축을 제한한다. 또한 건물의 증축에 있어 고도제한으로 인하여 2층 이하의 11m 높이의 건축만이 가능하다. 셋째, 통제보호구역 안에서는 동식물의 포획 또는 채취를 금지한다. 넷째, 군사기지 또는 군사시설의 촬영 · 묘사 · 녹취 · 측량 또는 이에 관한 문서나 도서 등의 발간 · 복제를 제한한다. 다만, 국가기관 또는 지방자치단체, 그 밖의 공공단체가 공공사업을 위하여 미리 관할부대장 등의 승인을 받은 경우는 그렇지 않다. 다섯째, 보호구역 등의 표지(보호구역 등임을 나타내는 표본 · 표석 · 부표 · 출입통제 표찰 또는 수중 부설물을 포함)를 이전하거나 훼손을 금지한다. 여섯째, 표류물, 침몰물의 습득 또는 군사작전이나 항해에 장애가 될 우려가 있고 대통령령으로 정하는 유해물의 유기(遺棄)를 금지한다. 일곱째, 군용항공기를 제외한 항공기의 항공작전기지에의 착륙을 금지한다. 여덟째, 군사시설 또는 군용항공기를 손괴하거나 그 기능을 손상하는 행위를 금지한다. 아홉째, 군용항공기를 향하여 물건을 던지거나 군용항공기 운항에 위험을 일으킬 우려가 있는 행위를 금지한다.[19]

민통선 마을은 출입, 개발, 입주 영농에 관해 크게 두 가지 영역에서 법적 규제를 받아왔다. 첫째, 민북지역에 관한 출입과 관련한 사항이다. 민북지역으로 출입하기 위해서는 출입승인을 발급받는 것은 물론, 영농인은 입주 영농인과 가입주 영농인으로 구분해 영농 기간에 차별을 두고, 취락지역 이외의 통행로를 제한하고, 상시 출입자를 제외한 출입대상자는 당일 출입으로 한정하고, 출입허용시간을 제한하고, 휴대품과 장비는 물론 복장까지 통제해왔다. 둘째, 입주민의 자격요건 등에 관한 사항도 제한 통제해왔다. 민북지역에서는 합동참모본부 규정의 민북지역 민사활동 규정을 토대로 관할 부대

---

18) 박종화 · 권태준 · 노융희, "민통선 북방지역 개발전략연구," 『환경논총』, 제26권(1990), p.9; 정근식 · 한모니까 · 강인화 · 전원근, 「DMZ 접경지역의 비평화 실태에 관한 인문학적 연구: 전략촌을 중심으로」, 통일연구원 위탁연구 보고서, p.56에서 재인용.

19) 김일한, "중무장지대의 비무장 민간인들," pp.73-74.

별로 별도의 민북지역관리 규정을 운영하고 있어, 민통선 마을에 적용되는 영역은 차이가 있다.[20] 규정위반자에 관한 처리의 기본 지침은 불법 행위자에 대하여는 즉시 제재(고발)하고, 자체 규정 위반자에 대하여는 단계에 따라 제재 수를 설정하여 조치한다. 제재는 1단계로부터 4단계까지이다. 1단계는 위반확인서를 작성하고, 경고 조치한다. 2단계는 위반확인서를 작성하고, 출입증을 일주일간 회수한다. 3단계는 위반확인서를 작성하고, 한 달간 출입증을 회수한다.[21]

최근 들어 위와 같은 통제와 제한이 완화되고 있다. 가령, 2018년 말에는 정부가 민통선 지역을 주 대상으로 하는 군사시설보호구역을 여의도 116배에 해당하는 면적을 규제 완화해 출입과 개발이 상대적으로 자유로워지고 있다.[22] 민통선이 다시 5km 북상한 것이다. 그럼에도 여전히 민통선 마을로 남는 지역은 군사통제구역의 특성상 위와 같은 통제가 지속되고 있다.

민통선 마을의 축소와 별도로 이 지역 주민들의 일상을 가장 두렵게 하였던 건 대인지뢰 사고다. 철원군의 조사에 따르면, 주민들은 "이웃 어른들이 지뢰사고를 당하는 것을 눈으로 보면서 어린 시절을 보"내기도 하고 "초등학교 시절 학교에 가면 선생님들로부터 공부하라는 말보다 지뢰 조심하라는 이야기를 더 많이" 듣기도 했다. 지뢰 피해 등에 대해 입주민들이 입주 당시에 " '죽어도 책임을 묻지 않겠다' 는 각서에 서명을 했기 때문에 불의에 사고를 당했음에도 국가에 손해배상 청구를 할 생각을 못한 것으로 알려지고 있다. 또 2011년 평화나눔회와 한국대인지뢰대책위원회가 조사한 결과에 따르면 1950년대부터 2000년대까지 강원도지역의 지뢰사고가 끊이지 않아 사망 111명, 부상 117명으로 집계된 바도 있다. 이들의 피해가 언론에 알려지고 피해자들의 호소에 힘입어 2014년 10월 15일 법률 제12790호로 「지뢰피해자 지원에 관한 특별법」이 제정되었다.[23] 그럼에도 불구하고 지뢰피해자는 사라지지 않고 있다. 군의 지뢰 조사 후 농토에 들어갔지만 지뢰 피해를 당하는 경우가 나타나기 때문이다. 이런 경우의 일부는 북한지역에 있던 지뢰가 홍수로 떠내려 와서 생기는 것으로 알려져 있다. 분단이 접경지역 주

20) 사례는 강원도 철원군 동송읍 이길리마을에 대한 제한 사항임.

21) 김일한, "중무장지대의 비무장 민간인들," pp.73-75.

22) 『연합뉴스』, 2018.11.8.

23) 정근식 외, 「DMZ 접경지역의 비평화 실태에 관한 인문학적 연구」, pp.107, 108, 110.

민들의 생명과 생존을 근본적으로 위협하는 단적인 예이다.

한편, 북한정권을 비난하는 전단살포는 새로운 형태의 남북 대결 양상이자, 접경지역 주민들의 삶을 위협하는 또 다른 문제이다. 대북전단 살포는 군사적 충돌을 대신해 대북 압박에 적합한 저강도 행동으로 보일 수도 있다. 그러나 북한은 전단살포에 전단살포로 맞대응하는 것보다는 군사적 대응을 밝혀왔기 때문에 저강도 행위로 유지되기 어려운 상황이었다. 이에 따라 접경지역 주민들의 불안이 커져갔다. 결국 우려가 현실이 되었다.

북한은 2005년 경부터 대북전단이 북으로 들어올 경우 도발지점을 타격하겠다고 위협하기 시작했다. 그럼에도 불구하고 대북전단 날리기가 계속되었다. 이윽고 2014년 10월 10일 경기도 연천 지역 인근에서 대북전단을 실은 풍선이 대량으로 살포되자 북한은 같은 날 16시경부터 17시경 사이에 연천 지역 민통선 부근에 고사포를 발사하는 일이 벌어졌다. 이 문제가 지역주민들의 법적 호소로 대법원까지 간다. 대법원은 "대북전단 살포행위와 휴전선 부근 주민들의 생명, 신체에 급박한 위험을 발생시키는 북한의 도발행위 사이에는 인과관계가 있다"고 판결했다.[24] 위 연천 대북전단 살포에 대한 북한군의 대응사격으로 그동안 우려하며 인내하고 있던 접경지역 주민들은 행동으로 나섰다. 연천군의회 · 경기도의회에서 대북전단 살포 중단 촉구 성명문과 결의안이 채택되었다. 그런 움직임이 이어지다가 2020년 6월 접경지역시장군수협의회가 대북전단 살포 중단 건의를 하였는데, 건의 제목은 "접경지역 주민의 생명과 재산을 위협하는 탈북민 단체 대북전단 살포를 즉각 중단시켜 주십시오" 였다. 그 연장선상에서 그해 10월 접경지역 주민 3,111인이 대북전단 살포 규제를 담은 「남북관계발전법」 개정안 입법 촉구 청원이 있었다.[25] 그에 따라 대북전단 살포 금지에 관한 남북관계발전에 관한 법률 일부 개정 법률안(송영길의원 대표발의)이 국회에 상정되어 2020년 12월 11일 본회의를 통과되었다. 2008년 18대 국회에서부터 이런 법안이 상정된지 14회 만에 통과된 것이다. 그러나 이 대북전단 살포가 법으로 금지됐다고 해서 접경지역의 안전과 주민들의 존엄

---

24) [대법원 2016.2.25. 선고 2015다247394 판결, 의정부지방법원 2015.10.8. 선고 2015나50546 판결, 의정부지방법원 2015.1.6. 선고 2014가단109976 판결],; 통일부, "대북전단 규제 관련 「남북관계 발전에 관한 법률」 개정 설명자료," (2020.12), p.12에서 재인용.

25) 위 통일부 자료, p.13.

이 보장될지는 의문이다. 전단 살포가 언제 감행될지도 모르기 때문이다. 나아가 분단체제 하에서 접경지역, 아니 한반도에 사는 사람 누구나 군사적 충돌의 위험과 그것을 억제한다는 명분 하의 군비경쟁에 노출되어 있다.

IV. 접경지역에서 그리는 양질의 평화

앞에서 남북 접경지역이 중무장지대로서 전쟁 위협과 함께 지역 주민들의 삶이 경제적, 정신적으로 피폐하다는 점, 그런 비평화적 삶이 분단과 함께 지속되어 왔다는 점을 알아보았다. 이것은 제II장에서 소개한 양질의 평화와 거리가 먼 현상으로서 민족의 비극이자 개개인의 행복추구권을 침해하는 문제이다. 물론 접경지역에서의 다양한 비평화적인 현상은 비단 접경지역 주민들의 문제만이 아니라 분단과 정전체제 하에서 반도에서 살아가는 모든 사람들의 미래와 직결된다. 그러므로 접경지역에서 양질의 평화를 상상하고 준비하는 일은 한반도 차원과 접경지역, 두 차원에서 동시에 전개할 성질이다. 아래에서는 이 두 차원에서 양질의 평화를 만들어가기 위한 과제를 안보, 존엄, 지속성 등 세 측면에서 살펴보고자 한다.

1. 안보

한반도 차원에서 (핵)전쟁 위협을 제거하고 평화를 정착시키는 핵심과제는 바로 비핵평화체제 구축과 남북 · 북미관계 정상화이다. 바이든 행정부가 출범하면서 중단되었던 비핵평화 협상이 재개될 가능성이 있다. 2018년 남북, 북미 정상들이 합의한 비핵화와 평화체제, 관계정상화, 인도적 협력 등에 관한 합의를 존중하고 대화의 분위기를 조성하는 노력이 우선 필요하다. 비핵평화협상의 원칙으로는 ① 북한의 '완전한 비핵화' 목표 견지, ② 한국의 이익과 주도력 강화, ③ 협상의 지속가능성 확립 등을 생각해 볼 수 있다.[26] 물론 본격적인 대화를 위해서는 코로나-19 사태가 진정되고, 미국 내에서

26) 서보혁 외, 『지속가능한 한반도 평화프로세스』, 경제 · 인문사회연구회 협동연구(2021. 1), p.9.

새 정부의 진용이 모두 짜이고 정책 검토가 완료되어야 할 것이다. 북한이 핵실험이나 도발을 자제하는 노력도 필요하다. 비핵평화 협상 재개는 남북관계와 북미관계의 정상화를 향한 움직임과 함께 진행해가야 할 것이다. 향후 비핵평화 협상이 어떤 형태로 전개될지 불확실하지만 주 협상 채널이 북미관계임이 분명하고, 둘의 적대관계 청산이 비핵화와 평화체제 구축에 필수요건이다. 한국의 입장에서는 미국과의 긴밀한 협의와 공감대 형성을 전제로 남북관계 개선과 비핵평화 협상 재개를 병행해나가는 적극적 자세가 요청된다.

접경지역 차원에서 그려보는 우선적인 안보 과제는 DMZ 평화지대 수립이다. 2018년 판문점 공동선언을 통해 남북의 두 정상은 군사적 신뢰구축 노력과 함께 DMZ 평화지대화에 합의하였다, 그후 적지 않은 시범사업을 통해 DMZ 평화지대화에 대한 기대가 높아졌다. 그동안 남북은 상호 비방 중단 및 선전수단 철거를 시작으로 통신선 복구, 판문점 공동경비구역(JSA) 비무장화, 지상·해상·공중에서의 적대행위 중단, 비무장지대(DMZ) 내 시범적 공동 유해발굴과 그를 위한 지뢰 제거 및 남북 연결도로 개설, 한강하구 공동 수로 공동조사, DMZ 내 11개 감시초소(GP) 시범 철수[27] 및 현장검증 등 많은 분야에서 성과를 거두었다. 그리고 남측에서는 고성, 철원, 파주 일대에 평화의 둘레길이 만들어져 코로나-19 사태가 발생하기 전까지 평화관광이 개시되었다. 그러나 2019년 2월 하노이 북미정상회담 결렬을 계기로 남북대화 및 협력도 중단되었다. 남한정부는 기회 있을 때마다 이 사업의 중요성을 재확인하며 북한에 협력을 촉구해왔지만 북한은 응하지 않고 있다(2021년 4월 말 현재).

DMZ의 평화지대화는 정전협정상의 DMZ를 정상화는 일을 넘어 평화체제로 가는 징검다리이다. 그 과정에서 남-북-유엔사(사실상 미국) 사이의 소통이 활성화 되고, 긴장완화는 물론 정전체제의 평화체제로의 전환 가능성을 예비하는 의미가 있다. DMZ와 그 일대의 활용 방안을 둘러싸고 국내에서는 역사·생태지대화, 남북공동농업지구 개발 등 다양한 의견이 제시되고 있다. 이를 위해 남북이 공동으로 DMZ를 유네스코 복합문화유산으로 등재하는 방안은 그 자체의 의미와 함께 선 세계를 향해 한반도가 더 이상 분쟁지역이 아니라 평화지대로 변화함을 보여주는 것이다. DMZ의 활용을 준비하는

27) 철수에는 화기·장비·병력이 망라되었다. 11개 GP 중 하나는 기억을 위해 보존하기로 하였다.

과정은 처음부터 민간과 국제기구의 참여를 함께 보장해 DMZ가 지속가능한 평화구축의 토대가 될 것이다. 문재인 대통령이 2019년 유엔 총회 연설에서 밝힌 DMZ의 '국제평화지대화' 제안도 그런 취지를 담고 있다. 이를 위해 DMZ와 그 일대에 지뢰 제거를 적정하게 이룬 후 '한반도-세계평화센터'를 만들어 거기에 노벨평화상을 수상한 생존 인사들이 상임고문을 맡고 수상 국제기구들이 한반도 지부를 만들어 센터에서 평화연구 및 교육 · 문화사업을 검토할 만하다. 그리고 DMZ와 JSA 일대의 평화관광을 생태를 보전하면서 진행하는 한편, 접경지역 주민들의 경제활동에도 유익하도록 전개해나가면 좋을 것이다. 이는 곧 평화와 경제가 선순환 하는 좋은 사례가 될 것이다.

2. 존엄

대중의 존엄함 삶이란 크게 두 가지 조건을 필요로 한다. 하나는 전쟁이나 재난, 기근 등 생명의 위협을 받지 않는 평화로운 환경이고, 다른 하나는 평화적 환경 위에서 자유를 누리고 행복을 추구해나가는 것이다. 이를 묶어 '안전한 사회경제활동'이라 이름 붙여보자. 양질의 평화는 분쟁 이후 사회가 나아갈 방향과 그 구성요소에 주목하는 개념이다. 안보, 안전은 위에서 논의한 것으로 갈음하고 여기서는 자유와 행복을 추구하는 사회경제활동의 필수요건으로 인권을 꼽아본다.

한반도 차원에서 대중의 존엄한 삶이란 남한에서 지속적인 민주주의 공고화 과정을 전제로 한다면, 북한주민들의 전반적 인권 향상에 주목하지 않을 수 없다. 북한주민들의 인권 상황에 대해 국제사회, 예를 들어 유엔에서의 북한인권 결의에서는 '전반적이고 체계적이고 지속적으로 침해되고 있다'고 평가되고 있다.[28] 이에 대해 북한정권이 반발하고 있지만 북한주민들의 인권상황이 전 세계에서 가장 열악한 수준으로 평가되고 있다. 북한인권 개선을 위해 국제사회는 각자의 관심사와 능력에 따라 감시와 비판, 그리고 지원과 협력을 해 나가야 할 것이다. 다만, 남한이 할 수 있는 일과 그 방식은 국

28) 북한인권 상황에 대한 전반적인 이해와 국제사회의 평가는 통일연구원의 『북한인권백서』 각년도 출간물과 유엔 북한인권결의를 참조. 유엔 북한인권결의는 유엔 인권최고대표사무소 홈페이지 조선민주주의인민공화국(DPRKK) 코너에서 볼 수 있다.
https://www.ohchr.org/EN/Countries/AsiaRegion/Pages/KPIndex.aspx(검색일: 2021.2.5.)

제사회 일반과 같을 수는 없다. 남북은 체제와 이념을 달리하는 가운데 통일을 준비해 갈 특수관계이고, 전쟁위험과 분단의 아픔을 청산할 과제도 함께 해결해야 한다. 그러므로 남한, 특히 정부는 북한인권 개선에 두 가지 방식을 혼용할 수밖에 없다. 하나는 직접 북한을 향해 이산가족의 고통 해소를 위한 인도협력과 식량·의료지원을 통한 북한 주민의 생존권 개선 노력을 전개할 수 있다. 다른 하나는 북한의 반발이 예상되는 시민·정치적 권리에 관해서는 국제사회의 채널이나 관련 비정부기구 활동 지원 등을 통한 간접적 접근을 해나갈 수 있을 것이다.

한편, 접경지역 차원에서는 주민들이 안전한 사회경제활동을 통해 삶의 질을 높여가는 일이 존엄한 삶이 된다. 이를 위해 지뢰제거 작업을 본격 추진해 접경지역 주민들이 안전하게 활동을 할 수 있도록 보장해주어야 할 것이다. 물론 남북 간에는 9.19 군사합의 이행을 위한 지뢰제거 작업이 진행되어왔다. 남북 군당국은 2018년 10월 27일부로 JSA내 지뢰 제거를 완료하였다. 또 같은 해 12월 7일부로 화살머리고지 일대의 지뢰·폭발물을 제거하고 군사분계선 관통도로 개설을 통해 남북공동 유해발굴을 위한 여건 조성 작업을 완료한 바 있다. 그와 별도로 접경지역 주민들은 일상생활과 경제활동 중 지뢰사고를 당하고 있어 지뢰제거 작업을 더 확대해나가야 할 것이다.

접경지역 주민들의 존엄한 삶을 위해서는 결국 자유와 행복을 누릴 만한 경제적 여건이 마련되어야 할 것이다. 그동안 접경지역이 안보, 보존을 이유로 낙후되고 지역적으로 차별을 받아온 것은 널리 알려진 사실이다. 그래서 정부와 국회는 2000년부터 「접경지역 지원(특별)법」을 제·개정해 접경지역 발전종합계획을 수립하고 매년 막대한 재원을 투입하고 있다. 이 법에 따라 2030년까지 4개 전략에 225개 사업으로 13조 2,000억 원을 지원한다. 현행 접경지역 지원특별법 제1조는 "이 법은 남북 분단으로 낙후된 접경지역의 지속가능한 발전에 필요한 사항을 규정하여 새로운 성장동력을 창출하고 주민의 복지향상을 지원하며, 자연환경의 체계적인 보전·관리를 통하여 국가의 경쟁력 강화와 균형발전에 이바지하는 것을 목적으로 한다."고 밝히고 있다. 또 이 법에는 접경지역 발전종합계획 수립을 언급하고 있는데, 이 계획에는 자연생태 및 산림자원의 조사, 자연환경의 보전·관리와 환경오염 방지, 평화통일 기반시설 또는 통일지대의 설치, 남북한 교류·협력 활성화, 접경특화발전지구의 개발, 문화재 발굴 등 방대한 내용을 포함하고 있다. 이런 법제도적 뒷받침은 접경지역의 개발과 주민 삶에 유익할 것으로 기대한다. 다만, 접경지역사회의 개발이 주민 참여 하에 진행되고, 주민의 삶의 질이 높아지는 방향으로 진행되도록 효과적이고 책임 있는 행정을 구현해야 할 것이다.

3. 지속성

양질의 평화를 구성하는 세 번째 요소인 지속성 혹은 예측가능성은 안보와 존엄이 중단되거나 일회적이지 않고 계속해서 증진시켜 나가는 것을 말한다. 이는 분쟁당사자들 사이의 화해와 신뢰형성, 그리고 합의한 사항의 이행, 협력사업의 체계적 전개 등으로 나타난다.

한반도 차원에서 양질의 평화를 전개하는 것은 역시 남북 합의의 제도적 이행 혹은 교류협력의 제도화이다. 그동안 남북 합의는 정상회담, 총리회담, 장관급회담, 실무접촉 등 여러 차원에서 다양한 분야에 걸쳐 많은 합의가 이루어졌다. 2018년만 보더라도 정상 간에 판문점, 평양에서 공동선언이 있었고, 국방장관급회담에서 군사합의서도 채택되었다. 그러나 현재 비핵평화협상의 교착과 코로나-19 사태로 남북 합의 이행도 중단되어 있다. 그렇다면 남북 합의 이행은 비핵평화협상의 재개와 코로나-19 사태의 진정이 있어야 가능한 것인가? 이에 대해 그렇다고 말할 수도 있지만 남북이 신뢰가 있고 의지가 있다면 두 조건이 충족되지 않더라도 합의 이행이 가능할 것이다. 합의 이행이 되지 않고 있는 게 상호 신뢰 부족 때문이라면 가능한 분야부터 이행에 나서 신뢰를 만들어가면 좋을 것이다. 2020년 말 문재인 대통령과 김정은 국무위원장은 각각 별도의 자리에서 남북대화와 협력의 필요성을 언급하였다. 그렇다면 남북은 폭파된 개성 남북공동연락사무소를 복구하고 다시 공동운영하는 준비를 해야 할 것이다. 남북공동연락사무소는 판문점 공동선언의 결실로 2018년 9월 14일 개소하였지만 남북 간 불신으로 19개월 만에 무너졌다. 북한측은 남한 시민단체가 김정은을 비난하는 대북전단을 살포한다는 이유로 2020년 6월 16일 폭파하였다. 그런 북한의 도발이 비난받아 마땅하지만, 북한인권문제를 명분으로 하지만 선정적이거나 사실과 거리가 먼 비방성 전달 살포로 접경지역, 나아가 한반도에 살고 있는 모든 사람들을 위협에 빠뜨리는 전단 살포행위도 자제할 바이다.

접경지역 차원에서는 남북 상생의 공동개발사업을 추진할 수 있을 것이다. 좋은 예가 개성공단사업이었다. 남북 간에는 철도 · 도로연결 합의와 시범사업이 있었고, 금강산—설악산 연계관광사업 논의도 있었다. DMZ 내 남북 공동농업단지 운영안도 제시되었다. 이제는 해양분야에서도 남북협력방안이 제시되고 있다.

그러나 양질의 평화의 핵심은 분쟁으로 고통을 겪은 곳의 사람이다. 지속성의 측면에서도 사람이 우선이다. 접경지역 차원의 지속적인 평화협력에도 사람의 마음, 정서, 기억, 희망, 역사가 들어갈 때 양질의 평화를 그릴 수 있을 것이다. 그래서 접경지역 사회사(社會史)를 평화자산으로 만들어 활용할 만하다. 분단, 안보, 저발전 등으로 이미지화된 접경지역사회의 역사를 문화자원으로 전환해 평화를 상상하고 공감하고 기억하고 재구성하는 일을 주민들이 주체가 되어 해나가는 것이다. 이런 구상은 위에서 소개한 접경지역 지원 특별법 제5조 제2항에 담고 있으니 지속성을 갖출 수 있다. 접경지역 사회사의 평화자산 목록으로 거론할 만한 주제로는 ① 남북 접경지역의 자연 · 인문지리 비교, ② 국제정세, 남북관계, 국내정치적 변화와 함께 이해하는 접경지역사회, ③ 접경지역[29]의 용어 변천과 주민의 삶, ④ 분단폭력[30]과 접경지역 주민의 삶, ⑤ 한국사회 전반과 접경지역의 산업, 안보, 교육, 관광정책 비교 등을 생각해볼 수 있다.

V. 맺음말

남북 접경지역에서 그려보는 양질의 평화가 쉽게 그리고 단시간에 이루어지기는 어려울 것이다. 그리고 그것은 접경지역 주민들의 참여만으로는 불가능할 것이다. 그럼에도 지역 주민의 목소리가 중앙정부에 전달되고, 남한정부가 북한측과 대화하고 관련국들 및 국제기구와 협의하여 DMZ 평화지대화와 남북 접경지역의 교류협력이 추진될 수 있을 것이다. 그동안 접경지역사회와 그 주민의 삶이 위로부터 결정되고 대부분 양질의 평화가 아니라 국가안보를 명분으로 비평화적이었다. 그런 점에서 2018년 판문점 공동

29) 한반도 분단 접경지역을 일컫는 용어로는 수복지구, 접적지역(接敵地域), 귀농선, 군사분계선 인접지역, 전략촌, 재건촌, 통일촌 등이 있다.

30) 분단폭력이란 국가권력 혹은 특정 집단이 분단으로 인해, 혹은 분단을 이유로 가하는 제반의 폭력 행위와 그 메커니즘을 말한다. 김병로 · 서보혁 편, 『분단폭력: 한반도 군사화에 관한 평화학적 성찰』(서울: 2016, 아카넷) 참조.

선언을 통한 DMZ 평화지대화 합의와 이후 일련의 시범사업은 희망을 던져준다. 접경지역에서의 양질의 평화는 위로부터의 접근과 아래로부터의 접근이 조화를 추구해갈 때 현실로 다가올 것이다.

분단 이후 대부분의 시간 접경지역은 권력에 의한 경계짓기의 수단이자 상징으로 이용되면서 대결, 고립, 저발전의 희생지역이었다. 거기에 사람의 안전과 존엄은 위태로웠다. 그런 곳에서, 그런 행태를 지속해온 집단이 변화를 보여주는 것은 분단체제의 평화적(?) 현상유지와 아래로부터의 요구가 절충된 결과일 것이다. 앞으로 다시 남북이 대화하고 협력할 경우 접경지역도 변화를 맞을 것이다. 그때를 대비해 접경지역사회는 지자체, 직능단체, 시민단체, 시민 개개인이 함께 미래를 설계하는 한편, 중앙정부와 협의해 실현가능한 미래를 구상해가야 할 것이다. 그 좌표로 양질의 평화 개념은 가치가 있고, 한반도 현실에 알맞은 풍부한 내용을 만들어가야 할 것이다. 그 과정에서 남북 접경지역이 탈경계화 현상을 동반할 것인지도 관심사이다. 그러나 남북 접경지역의 미래는 분단된 한반도의 미래와 맞물려 있다는 점을 잊어서는 안될 것이다. 접경지역의 평화를 한반도 차원과 접경지역 차원으로 함께 보려고 한 이유가 여기에 있다. 결국 접경지역에서 그리는 평화는 ① 위로부터의 접근과 아래로부터의 접근의 조화, ② 국가와 접경지역사회의 협력, ③ 정치군사문제와 사회경제문제의 병행 추진 등 삼중의 복합 프로젝트이다.

[참고문헌]

가브리엘 포페스쿠 지음. 이영민 · 이용균 외 옮김. 『국가 · 경계 · 질서』. 서울: 푸른길, 2018.

강종일 · 정대화 · 임성호 · 김승채 · 이재봉 옮김. 요한 갈퉁 지음. 『평화적 수단에 의한 평화』. 서울: 들녘, 2000.

김병로 · 서보혁 편. 『분단폭력: 한반도 군사화에 관한 평화학적 성찰』. 서울: 2016, 아카넷.

김용현 · 이창희. "중무장지대가 된 완충지대: DMZ 군사충돌 사례." 동국대 북한학연구소 DMZ평화센터 · 강원대 통일강원연구원 공동학술회의 자료집. 「광복 70년 · 분단 70년: DMZ에서 새로운 평화를 모색하다」. 강원대학교: 2015.5.29.

김일한. "중무장지대의 비무장 민간인들: 강원도 민통선 마을." 동국대 북한학연구소 DMZ평화센터 · 강원대 통일강원연구원 공동학술회의 자료집. 「광복 70년 · 분단 70년: DMZ에서 새로운 평화를 모색하다」. 강원대학교: 2015.5.29.

서보혁. 『한국 평화학의 탐구』. 서울: 박영사, 2019.

서보혁 · 신종호 · 정성윤 · 민태은 외. 『지속가능한 한반도 평화프로세스』. 경제 · 인문사회연구회 협동연구. 2021.1.

서보혁 · 정욱식. 『평화학과 평화운동』. 서울: 모시는 사람들, 2016.

정근식. "냉전 · 분단 경관과 평화." 『황해문화』. 100호. 2018.

정근식 · 한모니까 · 강인화 · 전원근. 『DMZ 접경지역의 비평화 실태에 관한 인문학적 연구: 전략촌을 중심으로』. 통일연구원 위탁연구보고서(2019).

통일부. "대북전단 규제 관련 「남북관계 발전에 관한 법률」 개정 설명자료." (2020. 12).

통일연구원. 『북한인권백서』. 서울: 통일연구원. 각년도.

홍석률. 『분단 히스테리: 공개문서로 보는 미중관계와 한반도』. 파주: 창비, 2012.

Dasgupta, Sugata. "Peacelessness and Maldevelopment: A New Theme for Peace Research in Developing Nations." Paper Presented at the Conference of the International Peace Research Association(Tallberg, Sweden: June 17-19, 1967).

Galtung, Johan. Peace by Peaceful Means. London: Sage, 1996.

Wallensteen, Peter. Quality Peace: Peacebuilding, Victory, & World Order. New York: Oxford University Press, 2015.

『머니투데이』. 2021.1.21.

『미디어오늘』. 2021.1.19.

『연합뉴스』. 2018.11.8.

『VOA Korea』. 2020.4.10.

〈〈〈 DMZ 평화와 접경 협력

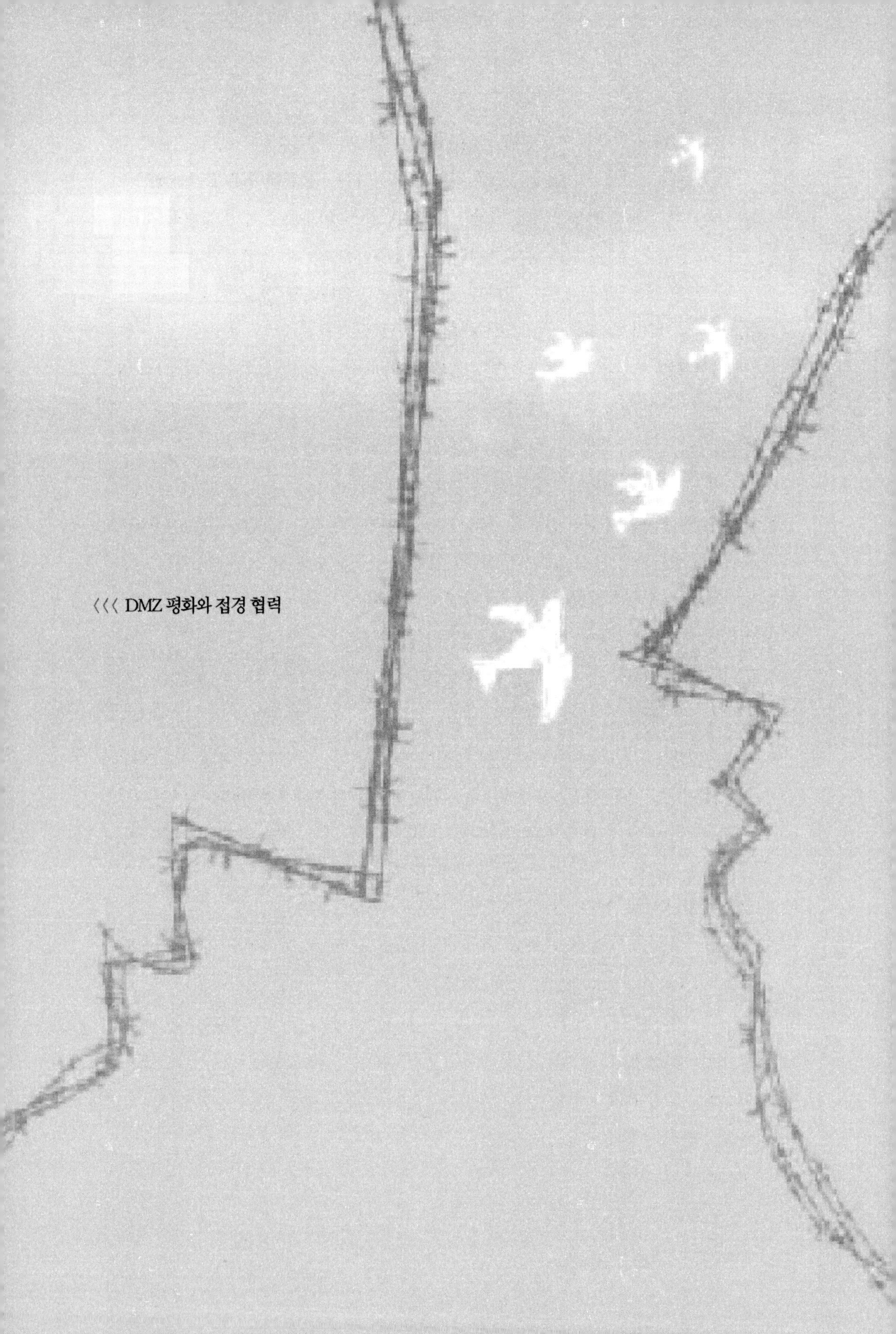

제2장 _ 한반도 평화 · 번영 실현을 위한 국경 협력[1]

현승수 _ 통일연구원

1. 서론: 연구 취지와 범위

한반도는 아시아 대륙의 동단(東端)에 위치해 있어 대륙과 해양을 연결하는 중요한 지정학적 상황에 노출되어 있으며, 한반도의 분단은 남북한으로 하여금 접경선의 관리를, 변화를 추구하기 보다는 갈등 발생을 방지하는 차원의 현상유지에 중점을 두게 만들었다. 현재 남한과 북한 간 경계선은 확고한 국경이라기보다는 임시적 · 특수적 성격을 가진 접경으로 규정되고 있다.[2)]

남한의 국경은 동, 서, 남 3면이 바다이고, 육상 경계선의 북쪽에는 북한이 위치하고 있다. 이러한 지리적 상황은 남한으로 하여금 필연적으로 해양을 향해서는 경제를 위주로 한 협력을 강화하는 경향을 보이게 하였고, 육상을 향해서는 군사안보적 사고를 기반으로 한 갈등 발생 방지에 주력하게 만들었다. 따라서 남한은 분단으로 인해 아시아 대륙과 육로로 이어지지 못하고 섬과 같은 지리적 상황을 감수할 수밖에 없는 실정이다.

북한의 경우에는 북쪽의 육상 경계선을 통해서 아시아 대륙과 직접 맞닿아 있으며, 남쪽으로는 남한과 접경하고 있다. 북한은 동쪽과 서쪽의 바다에 해양 경계선을 갖고는 있지만 분단으로 인해 동해와 서해 간 항해를 원활하게 할 수 없는 불리한 환경에 처해 있다.

남한과 북한 경계의 이와 같은 특수한 상황은 한반도 국경 관리의 발전을 근본적으로 제약하는 요인으로 작용해 왔다. 본 연구에서는 남북한 육상 및 해양 접경지대 협력과 한반도와 주변국간 국경지대 협력의 발전방향을 모색함으로써 국경 관리 발전의 제약요인을 극복하고 한반도 평화 증진에 도움이 되는 방안을 제시하고자 하며, 아래와 같은 공간, 시간, 추진주체의 3가지 차원의 연구 범위를 염두에 두고 분석한다.

먼저 공간 차원의 범위를 설명한다. 국경 협력과 관련된 연구를 진행함에 있어 가장 먼저 마주치는 문제의식은 국경에 대한 우리의 인식을 어느 정도까지 확장할 수 있는가

---

1) 이 글은 통일연구원이 국무총리실 산하 경제인문사회연구회 협동연구의 일환으로 3년 간 수행한 『주변국 국경안보와 한반도 통일 환경』 과제의 3년차 연구 결과물로부터 발췌 및 수정한 것이다. 연구의 상세는 다음 문헌을 참고할 것. 현승수 외, 『한반도 평화 · 번영 실현을 위한 국경 협력』(서울: 통일연구원, 2019).

2) 1992년 2월 19일 발효한 '남북 사이의 화해와 불가침 및 교류 · 협력에 관한 합의서' 는 "평화상태가 이룩될 때까지 현 군사정전협정을 준수" 한다고 규정함으로써 임시적 상황을 명시하고 있으며, "남과 북의 불가침 경계선과 구역은 1953년 7월 27일자 군사정전에 관한 협정에 규정된 군사분계선과 지금까지 쌍방이 관할하여 온 구역" 으로 설정함으로써 특수한 상황을 적시하고 있다.

하는 점이다. 현재의 세계는 전지구화(globalization)의 추세에 따라 과거의 영토적 관점에 한정된 국경의 개념보다는 열린 개념을 바탕으로 국제관계가 운영되고 있는 것이 사실이다. 즉, 기술 혁신에 따른 교통 및 통신 수단의 발전은 전 세계를 가깝게 만들고 있으며, 상호의존적 경제관계는 전통적 국경을 넘어선 정책의 조정을 시시각각 요구하고 있다. 또한, 기후 변화(climate change)와 같은 환경문제에 대한 해결방안 모색을 위해서는 과거의 영토적 개념에 의해 한정된 공간을 대상으로 한 연구를 넘어서 전지구적 접근에 기반한 폭 넓은 공간의 개념 인식을 요구하고 있다. 이러한 맥락에서 볼 때, 전지구적 차원의 국경 연구에서 중요시하는 것은 국경이라는 경계선을 협력의 기제로 활용하는 적극적 자세이며, 인류가 공통적으로 당면하고 있는 문제들에 대한 미래지향적 해결방안이다.

한반도 관련 국경의 형성과 유지를 둘러싼 관리의 문제는 필연적으로 지역(regional) 차원의 공간적 범위에서 이루어지는 국제관계의 변화와 연관돼 있다. 한반도는 아시아 대륙의 동쪽 끝에 위치해 있으므로 지리적으로는 동아시아, 동북아시아라는 지역적 명칭에 의해 규정된 지역공간에 속해 있다. 물론 동북아시아는 동아시아의 일부이면서 동남아시아에 대비되는 공간적 구분 명칭이다. 동북아시아는 군사안보 측면의 지역적 문

[그림 1] 공간 차원에서 본 연구 범위

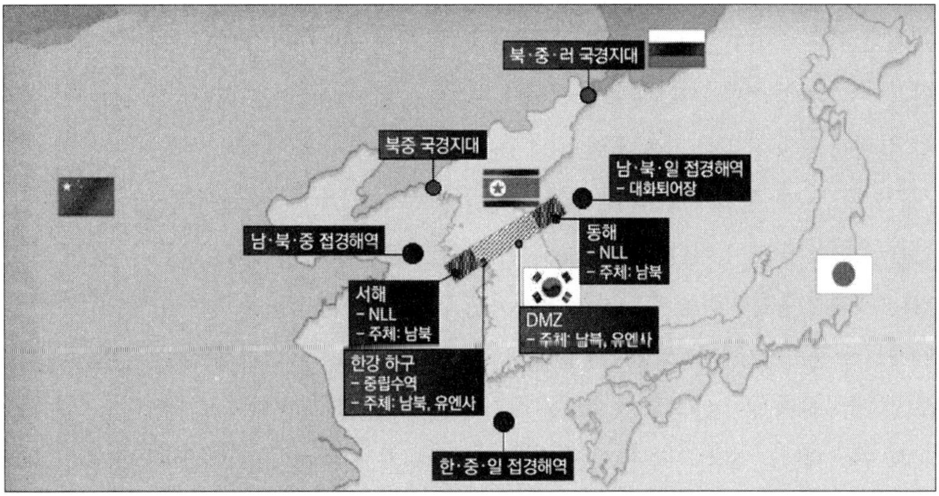

* 출처: 저자 작성

제의식에 보다 많이 사용되고 있으며, 동아시아는 경제 측면의 지역협력 연구에서 많이 사용되고 있다. 이러한 맥락에서 본 연구에서는 동아시아와 동북아시아 지역 차원의 국경협력 사안들을 한반도와 관련이 있는 경우 함께 분석한다.

본 연구의 주안점인 한반도 관련 국경의 공간적 범위는 남한과 북한이 면하고 있는 경계선이 된다. 그 중에서도 가장 중요한 연구 대상이 되는 범위는 남한의 해양협력과 남북 접경협력에 대한 분석이다. 이에 더해서 북한이 면하고 있는 중국 및 러시아와의 육상 국경협력에 남한이 참여하는 3각 협력에 대한 문제도 함께 다룬다.

둘째로, 시간 차원의 범위이다. 본 연구의 궁극적 목표인 한반도 평화·번영 실현을 위한 정책과제 도출과 관련하여, 평화와 번영의 명제는 현재의 문제이자 미래의 문제다. 전쟁이 부재한 상태인 소극적 의미의 평화를 전제한다면 현재의 한반도 상황은 평화 상태라 할 수 있다. 또 남한은 제2차 세계대전 이후 신생 독립국으로 출발하여 세계 10위권의 경제력을 기록한 경이적 경제발전을 이룩하였으므로 번영 상태라 할 수 있을 것이다. 물론 북한은 전 세계적으로 가장 낙후된 국가이므로 북한이 번영 상태에 도달하기 위해서는 매우 많은 노력이 필요하다. 이러한 한반도 평화·번영의 상태를 미래지향적 차원에서 본다면, 남한과 북한이 분단을 극복하고 함께 통일을 추구한다는 의미가 함축되어 있다.

한반도 통일에 대한 미래지향적 관점에서 분석한 시간적 차원의 단계는 아래 도표와 같이 구분된다. 통일의 시간표는 통일준비시기, 통일과정시기, 정상국가 운영시기의 3시기로 이루어지며, 핵심적 과제가 구현되는 통일과정시기는 분단해소단계, 체제통합단계, 국가완성단계의 3단계로 구성된다. 첫째, 통일준비시기는 현재부터 남한과 북한이 실질적 통일을 위한 과정에 돌입할 것에 합의하고 통일협상에 착수하는 시점까지의 시기이다. 둘째, 통일과정시기는 실질적 통일을 추진하는 기간으로서 통일선언 직전 남한과 북한이 합치기 위한 협상 및 조치를 취하는 분단해소 단계와 단일국가 선포 이후 양대 체제가 통합작업을 추진하는 체제통합 단계 및 통일작업을 마무리하는 국가완성 단계로 구분된다. 셋째, 정상국가 운영시기는 분단이 역사상의 기록으로만 존재할 정도로 양 체제의 통합이 완성되어 새로운 국가가 정상적으로 작동하는 시기이다.

본 연구에서는 현재부터 통일에 대한 남북합의가 이루어지는 시점까지인 통일준비시기에 평화·번영을 촉진할 국경협력 추진방안을 모색하는 것을 주안점으로 하되, 통일과정시기 중 분단해소단계에 해당하는 실질적 통일선언 직전의 상황을 염두에 두고 협력방안을 도출하고자 한다. 또한, 통일과정시기 중에서 체제통합의 주요 과제를 실현하는데 도움이 될 수 있는 국경협력 사안도 분석대상으로 고려한다.

[그림 2] 시간 차원에서 본 연구 범위

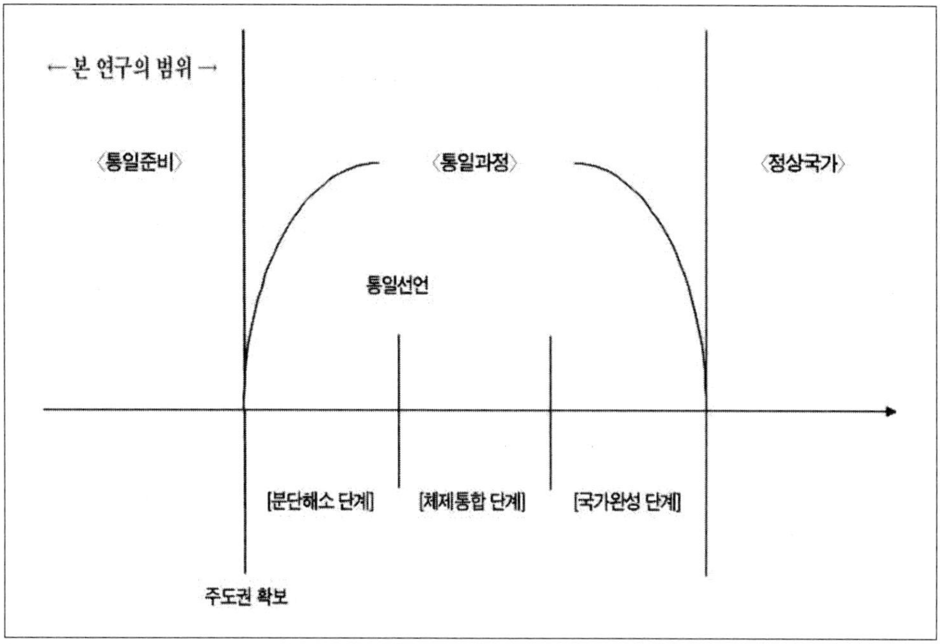

* 출처: 저자 작성

끝으로 추진 주체(Actor) 차원의 범위이다. 한반도 관련 국경협력 연구는 기본적으로 남한과 북한 간 접경협력과 국제적 차원의 국경협력의 양대 축을 중심으로 진행된다. 남북 접경협력의 경우에는 핵심적 추진주체는 중앙정부가 되며, 남한의 경우에는 지방자치단체가 부가적 추진주체로 참여하게 된다. 이러한 정부 차원의 추진주체에 더해서 남한의 경우에는 비정부 행위자(Non-State Actors)의 역할도 매우 중요하며, 다양한 분야에서 남북협력 추진에 있어서 보조적 추진주체로서의 역할을 한다. 북한의 경우에는 중앙정부가 대남사업의 모든 부분을 담당하고 있는 것으로 파악되므로 접경협력의 추진주체는 중앙정부이며 사안에 따라 여러 부서가 참여하게 된다. 향후 접경협력이 보다 복잡화 · 다기화될 경우에는 북한에서도 비록 명목상일 가능성이 높지만 지방기구 또는 비정부 행위자들이 참여할 수도 있다.

국제적 차원의 국경협력은 기본적으로 국가 대 국가 간 국제협력의 성격을 갖게 되므로, 협력의 추진에 있어서 핵심적 역할을 하는 것은 해당 국가의 중앙정부이며 하위적 추진주체로서 지방정부가 참여한다. 국제적 국경협력에 있어서 중요한 역할을 수행하는 또 하나의 주체는 국제기구(International Organizations)로서 부가적 기능을 한다. 국제기구의 대표라 할 수 있는 유엔은 국경협력에 있어서 중요한 기능을 제공한다. 한반도 관련 유엔기구의 국경협력의 대표적 사례는 유엔개발계획(UNDP)에 의한 두만강 유역개발사업이며, 이외에도 다양한 기구가 직간접적으로 국경협력을 촉진하고 있다.

세계화 추세의 진전에 따라 국제무대에서의 비정부기구(International Non-Governmental Organizations)가 여러 분야에서 다양한 역할과 전문성을 바탕으로 국경협력의 발전에 보조적 기능을 하고 있으며, 활동의 범위와 영향력을 넓혀가고 있다.

2. 평화와 번영의 국경 협력 추진 방향

가. 추진 구도

본 연구는 위의 절에서 설명한 연구 범위에 따라, 남북 접경지역을 육상과 해양(동해와 서해를 구분)으로 나누어 남북 간에 진행해 온 접경협력의 배경과 협력사업의 추진 경과, 현재 협력에서 제기되는 현안들을 분석하고 새로운 협력 방안을 제안했다. 또 한반도와 주변국 간 국경지역 역시 육상과 해양으로 구분해 육상 국경협력에서는 북중, 북러 및 남북중, 남북러 협력의 현안과 향후 협력 방안을 제시하는 한편, 해양 국경협력에서는 한반도 주변 해역에서 남북한과 일본, 중국, 러시아를 포함하는 다자 협력의 한계와 가능성을 규명했다.[3)]

이와 같은 복합적 분석의 결과, 연구진은 단계적 접근의 중요성에 대해서 다시 주목하게 되었다. 즉, 평화와 번영을 위한 국경 협력 방안 추진구도의 요체는 점증적

3) 남북 접경협력 및 한반도와 주변국 간 국경협력에 관한 상세는 다음 문헌을 참조할 것. 현승수 외, 『한반도 평화・번영 실현을 위한 국경 협력』(서울: 통일연구원, 2019), pp.37-268쪽.

(incremental)이어야 한다는 것이다. 점증적 접근의 핵심은 선행 단계의 성과가 마무리 단계의 정책 성공에 도움이 되어야 한다는 점으로서, 정책성과의 불가역성을 담보하고 지속가능한 정책 입안을 가능하게 하는 것이다. 따라서 이 연구에서는 2단계 접근 구도를 통해서 상대적으로 실천이 용이한 정책을 앞 단계의 과제로 식별하고, 이를 기반으로 한 보다 복합적인 정책을 마무리 단계에서 제시함으로써 정책방안의 실천성을 높이고자 했다. 사실상 이와 같은 2단계 접근법은 현재 한반도의 상황이 제공하는 정책 환경의 현실과도 부합하는 것이므로, 1단계의 시간대를 현 정부 임기 말까지로 설정하는 한편, 2단계의 시간대를 차기 정부 기간으로 상정했다.

이러한 맥락에서 단계별 정책 환경의 변화를 추적하는 지표로는 남북 관계 및 북한 변화와 분단 상황의 특수성이 반영된 대북 경제제재 문제와 유엔사의 역할 변화 그리고 관련국 간 신뢰 수준 문제가 활용되었다. 이에 따라 2020~2022년의 문재인 정부 기간인 1단계를 '기반조성단계'로 명명하였으며, 이 시기의 정책 환경을, 대북 경제제재는 부분적으로 완화되는 것으로 상정하는 한편, 기존 유엔사의 역할은 유지되며, 관련국간의 신뢰수준은 현재 상태에 머무르는 것으로 판단했다. 기반조성단계의 정책 환경은 우리가 협의(狹義)의 국경안보 개념에서 벗어나 진일보한 개념에 기초한 국경협력 정책을 시도할 수 있는 상황이라 할 수 있다. 또한 2022~2027년의 차기 정부 기간인 2단계는 '실질추진단계'로 설정하였으며, 정책 환경이 변화하여 대 북한 유엔 경제제재가 해제되고 유엔사의 역할이 변경 또는 축소되는 상황 및 해양협력을 위요한 관련국간 신뢰가 호전된 상태로 설정했다. 이러한 실질추진단계의 정책 환경은 남북관계의 경색국면 해소 및 한반도 주변정세의 안정화 기조 위에서 변화된 국경관리 정책에 기반한 국경협력 과제를 실질적으로 추진할 수 있는 상황이라 할 수 있다.

단계별 정책목표와 관련, 기반조성단계 협력방안의 통합적 정책 목표는 소극적 평화로 표현되는 평화 정착 및 번영의 도모이다. 세부적으로 보면 남북 접경협력의 경우에는 남북교류 확대 및 과거 사업 재가동 등 과거 수준을 회복하는 단계이며, 국제 국경협력의 경우에는 군사 안보적 개념을 초월해 협력적 접근을 도입하기 위한 상호접근이 확대되는 단계로 본다. 한편 실질추진단계의 통합적 정책 목표는 적극적 평화가 구현되는 평화체제의 완성 및 공동 번영의 모색이다. 접경협력의 경우에는 기반조성단계에서 추진된 사업의 확대 및 심화와 새로운 사업의 본격적 추진을 염두에 두었다. 국제협력의 경우에는 기존에 제안한 협력사업의 착수 및 가동이 세부적 목표이며 신규 사업 발굴이 포함되었다.

나. 추진과제

본 연구의 궁극적 목적은 한반도의 평화 증진과 번영 촉진을 위한 국경(접경)협력 방안 마련에 있기 때문에 본 절에서는 이러한 점을 염두에 둔 추진과제를 제시하고자 한다. 이를 위해서 정책방안의 상대적 중요도를 구별하기 위한 취지하에, 공동연구진과 전문가들이 공동으로 참여하는 집중적 브레인스토밍 회의를 수행한 결과, 핵심과제, 부가과제, 통합과제의 3대 추진과제를 도출했다. 핵심과제와 부가과제의 식별 작업은 사실상 정책 환경 및 정책 추진 역량의 변화라는 미래의 가변적 상황을 염두에 두고 실시되었으며, 통합과제의 제시는 평화와 번영이라는 목표의 동시 달성 내지는 선순환 고리 마련을 가능케 할 것으로 판단된다.

첫째, 평화와 번영의 국경관리라는 목표를 달성하기 위해 필수적으로 추진해야 하는 핵심 정책과제는 다음 표와 같다.

기반조성단계에서 남북한 육상 접경 협력의 경우에는 DMZ에 대한 포괄적 관리권을

〈표 1〉 핵심 과제

	육상 접경	해양 접경	육상 국경	해양 국경
기반 조성 단계	• 포괄적 '관리권' 확보 • 남북접경위원회 구성	• 남북군사공동위 구성 가동 (서해) • 우발적 무력 충돌 방지에 관한 남북 합의 복원 · 이행 (서해) • 어선 구난 구조 협력(동해)	• 나진–하산 프로젝트 • 인프라개발 협력 다자 협의체 구성	• 중첩 해역 해양 과학조사 협력 • 해양 재난 대응 협력
실질 추진 단계	• 관할권 이양을 위한 국제 협약 체결 • DMZ 평화도시 건설	• 서해평화협력특별지대 조성 (서해) • 북측 수역 입어 (동해)	• 물류 수송 네트워크 연결 • 동북아 슈퍼 그리드 구축	• 미획정 경계 및 중첩 해역 공동 개발 • EEZ 경계 획정 기본 토대 구축

* 출처: 저자 작성

확보하는 일이 우선적으로 추진되어야 하며, 남북 접경지역에서 발생하는 문제들을 공동의 노력으로 해결하기 위한 남북공동접경관리위원회 구성도 필요하다. 해양 접경 협력에서는 서해와 동해를 구분하여 검토할 필요가 있다. 서해의 경우, 우선적으로 남북군사공동위를 구성하여 가동시키고, 우발적 무력충돌 방지에 관한 남북합의를 복원 및 이행하는 작업부터 시작해야 한다. 동해에서는 어선 구난구조 협력이 우선적으로 추진되어야 한다.

기반조성단계에서 주변국과의 육상 국경 협력을 위해서는 무엇보다 관련국 간의 신뢰가 먼저 형성되어야 하며, 이를 위해서는 이미 추진되었지만 정치적 · 경제적 이유로 인해 중단되었던 나진-하산 프로젝트의 우선 재개가 필요하다. 또 인프라개발협력 다자협의체 운영을 통해 국경지대 협력 프로젝트에 대한 전문적인 연구개발(R&D) 및 공동 검토도 추진해 볼 수 있다. 주변국과의 해양 국경 협력을 위해서는 중첩 해역 과학조사를 우선적으로 추진할 필요가 있으며, 해양재난에 대한 기존의 협력체제를 개선하고 강화하는 한편, 협력 분야의 확산을 모색하는 작업이 필요하다.

한편, 실질추진단계에서는 남북 접경 지역에서 북한과의 본격적인 협력을 추진하기 위해 DMZ 관할권의 완전한 이양을 위한 잠정적 국제협약을 체결할 필요가 있으며, '남북평화도시특별법' 에 의거해 운영되는 접경평화도시의 건설을 추진한다. 남북 해양 접경 협력에서는 서해평화협력특별지대를 조성하여 한반도 신경제구상에서 환서해권 발전구상과 연계 방안을 검토하고, 동해에서는 조업권 구매를 통한 북측 수역 입어를 추진한다.

주변국과의 육상 국경 협력에서는 환서해, 환동해 경제벨트 기반 구축을 위한 한반도 철도 연결사업(경의선 → 경원선 → 평라선)이 전 단계에서 마무리되었다면, 본격적으로 이를 동북아 철도인 TCR, TSR과 연결하는 물류수송 네트워크 연결 사업을 추진해야 하며, 남 · 북 · 러 에너지협력을 통한 동북아 슈퍼그리드 구축사업도 실질추진단계에서 중점적으로 시행할 과제다. 해양 국경에서는 미확정 경계 및 중첩 해역의 공동개발에 착수하고 EEZ 경계획정을 위한 기본토대 구축에 노력해야 한다.

둘째, 정책 추진의 우선순위에서는 다소 뒤처지지만 목표달성을 지원 또는 보조하는 부가과제를 식별했다.

〈표 2〉 부가 과제

	육상 접경	해양 접경	육상 국경	해양 국경
기반 조성 단계	• 법제 정비 및 DMZ 총괄 마스터플랜 수립	• 중국 어선 불법조업 단속(서해) • 크루즈 등 해양관광 협력(동해)	• 훈춘－나선－하산 복합 물류 네트워크 구축을 위한 협력 추진 • 남북철도 및 동북아 철도 현대화를 위한 시범 사업 추진	• 국제 해양 범죄 협력 • 해양 환경 협력체
실질 추진 단계	• DMZ생태문화 역사공원 조성 • 교통물류 인프라 완전 연결	• 서해 역사, 관광 벨트 추진(서해) • 서해 지질공원 유네스코 등재 추진(서해) • 남북 공동 어로 (동해) • 접경 어촌 교류 마을 조성(동해)	• '초(超)국경 다자 협의체' 출범	• 해양 안보협력 및 해양 경제 협력 활성화

* 출처: 저자 작성

기반조성단계에서 부과과제로서는 남북 육상 접경 협력을 위한 법제를 정비하고 DMZ 총괄 마스터플랜을 마련하는 작업이 추진될 필요가 있다. 남북 해양 접경에서는 서해의 경우, 중국어선 불법조업 단속을 그리고 동해에서는 크루즈 등 해양관광 협력을 추진해 볼 수 있다.

기반조성단계에서 주변국과의 육상 국경협력을 위해서는 훈춘－나선－하산 복합물류네트워크 구축을 위한 협력 추진과 남북철도 및 동북아 철도 현대화를 위한 시범 사업 추진 등이 부과과제로 적합하다. 또 해양에서는 국제 해양범죄를 방지 및 대응하기 위한 다자 협력과 아울러 해양환경을 논의하고 협력을 실현하기 위한 다자협력체를 추진해 볼 수 있을 것이다.

부가과제로서 실질추진단계에서 제안할 수 있는 협력 안건으로는 남북 육상 접경의 경우 DMZ생태문화역사공원 조성, 교통물류인프라 완전 연결 등이며, 남북 해양 접경에서는 서해에서 서해 역사, 관광 벨트, 지질공원 유네스코 등재를 추진하는 방안, 동해에서 남북 공동어로 추진과 접경 어촌 교류 마을 조성 등이다.

주변국과의 육상 국경 협력 차원에서는 초국경 다자협의체 출범을, 또 해양 국경에서는 영유권 분쟁 관련 다이얼로그를 활성화하는 등 해양 안보 분야에서 다자 협력의 수위를 높이며 동북아 해양을 공동 번영의 장으로 만들기 위한 다자 경제 협력 분위기를 조성하는 데 주력할 필요가 있다.

셋째, 본 연구에서는 위와 같은 핵심 및 부가과제의 식별과 함께, 총 3년에 걸친 국경안보 과제 수행을 통해 얻은 결과 및 함의를 바탕으로 한 통합과제를 제시하고자 했다. 본 연구의 핵심 개념인 국경안보에 대한 1차 년도의 연구에서는 국경안보를 보다 넓은 의미로 해석해야 한다는 연구결과를 도출했다.[4] 즉, 국경을 과거의 닫힌 또는 막는 경계선이 아닌 열린 내지는 소통하는 공간으로 인식해야 한다는 것이다. 2차 년도의 연구는 주변국과의 국경 관리 문제를 집중적으로 연구한 결과 한반도에서의 국경협력 발전 가능성을 발견할 수 있었다.[5] 본 연구의 마무리 단계인 3년차 연구에서는 남북 접경협력의 문제를 보다 직접적으로 다루었으며, 국경협력의 다양한 추진과제가 도출되었다.

이러한 맥락에서 평화와 번영의 궁극적 목표를 달성하기 위한 남북 접경협력과 한반도 국경협력의 영역별 추진과제를 도출한 연구결과를 기반으로 아래와 같은 평화 · 번영 국경협력 통합과제를 도출했다. 주지하다시피 한반도는 북한의 끊임없는 도발로 인한 분쟁지역의 이미지와 남한의 경이적 경제발전에 의한 번영의 공간이라는 인식이 교차하고 있다. 따라서 한반도의 평화 · 번영을 구가하기 위해서는 부정적 요소를 줄이고 긍정적 요인을 확대하는 사고가 매우 긴요하다. 즉, 남북 접경 지역의 문제는 갈등적이라는 인식이 저변에 깔려 있기 때문에 단번에 전면적 협력으로 도약하기는 어렵다고 보는 것이 옳은 판단이다. 반면에 한국의 경제발전과 뒤이은 중국의 경제성장은 한반도를 둘러싼 해양과 육상 및 공중 국경지역에서의 협력을 대폭적으로 증가시켰으며, 미래에도 이러한 추세는 지속될 전망이다. 이러한 반도의 상황은 우리에게 평화와 번영의 양대 목표를 동시에 달성하기 위해서는 국경협력을 보다 발전시키는 가운데 접경협력의 근본 성격을 변화시키는 노력이 필요하다는 점을 요구하고 있다.

아래 도표는 평화와 번영을 위한 미래지향적 국경협력 과제의 추진 흐름도를 나타내

4) 연구의 상세는 다음 문헌을 참조할 것. 현승수 외, 『주변국 국경안보: 이론과 실제』(서울: 통일연구원, 2017); 현승수 외, 『주변국 국경안보: 사례와 검증』(서울: 통일연구원, 2017).

5) 연구의 상세는 다음 문헌을 참조할 것. 이기태 외, 『국경협력의 가능성과 미래』(서울: 통일연구원, 2018); 이기태 외, 『북한과 주변국의 국경안보』(서울: 통일연구원, 2018); 현상백 외, 『중국 초국경 경제협력 연구: 통일 한반도 국경안보에 대한 시사점』(서울: 통일연구원, 2018).

고 있다. 즉, 남북 간 접경협력과 국제적 국경협력을 상호보완적으로 추진한다면 평화를 증진하는 동시에 번영을 촉진할 수 있다는 내용을 보여주고 있다. 평화번영 특별지대(SAPP: Special Area for Peace & Prosperity)는 남한과 북한이 접하고 있는 육상과 해상 및 공중의 접경영역과 한반도가 면하고 있는 국경영역을 아우르는 가상의 공간을 상정하여 한반도를 위요한 국경협력과 관련한 다양한 제안을 받아들여 동북아 및 한반도의 평화증진과 번영촉진을 추구하는 발전적 · 창의적 공간이다. 본 연구에서는 한반도의 평화 정착을 위해서는 전통 안보와는 별개의 시각에서 기존 형태와 다른 사이버 국경의 해체와 동 영역의 안보를 결합한 지속 가능한 평화통일 시대를 대비해야 한다는 문제의식을 갖고 사이버 공간에서의 국경협력 관련 연구를 수행하였는바, 연구 결과를 담은 별도의 보고서를 통해 사이버공간에 관한 분석은 물론 이해 당사국들의 행태에 대한 세밀한 분석, 장기적이고 구체적인 전략과 대응책을 마련했다.[6]

[그림 3] 평화 · 번영 국경협력 통합 과제

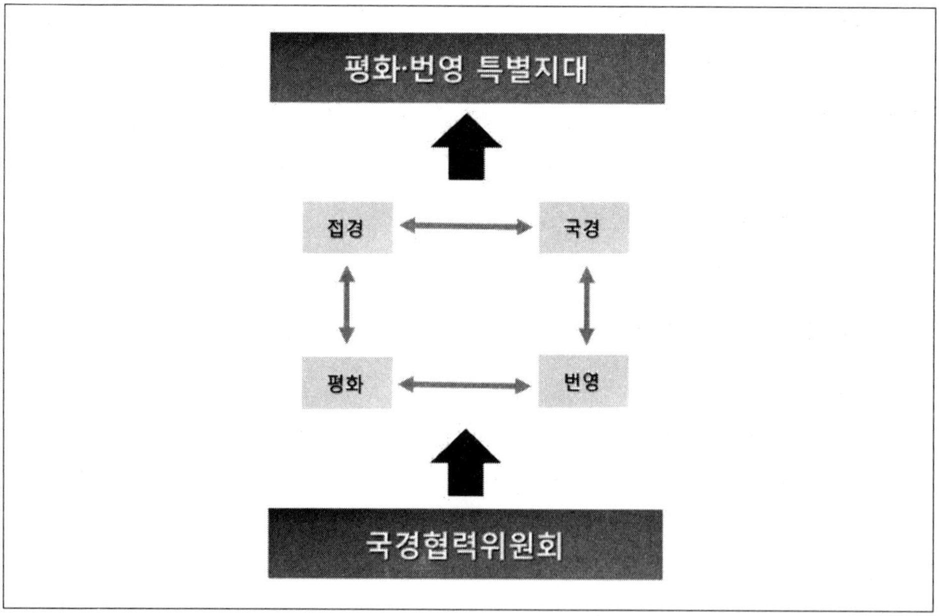

* 출처: 저자 작성

6) 연구의 상세는 다음 문헌을 참조할 것. 체재병 외, 『주변국의 사이버 환경과 한반도 평화체제 구축』(서울: 통일연구원, 2019).

본 연구에서 제안하는 특별지대는 육상, 해상, 공중, 사이버 등 국경으로 인식되는 영역을 총망라한 공간으로서, 한반도의 분단 상황에 대한 비관적 인식을 역발상을 통해서 통일이라는 긍정적 미래를 창출하고자 하는 모든 국내 및 국제적 행위주체들의 참여를 통해서 구성될 수 있다.

평화번영 특별지대를 만들어 내기 위한 일련의 과정을 미래지향적 차원에서 제시하면 다음과 같다. 첫째, 민간 차원에서 '국경학회'를 설립하여 본 연구 결과에서 도출된 다양한 협력방안에 관해 토론을 전개하는 작업을 시작점으로 할 수 있다. 우선적으로는 순수 민간 차원에서 시작하되 국책 연구 기관인 통일연구원이 협력하여 이론적 · 학술적 논의를 중심으로 정기적 연구포럼을 운영한다. 둘째, 특별지대 관련 논의는 초기에서부터 국제적 관심 주체들을 초치하여 진행하도록 한다. 왜냐하면, 동 지대는 남북 협력과 국제 협력을 동시에 추구하기 때문에 한반도 국경(접경)협력과 관련 있는 국가들의 행위주체들의 참여가 중요하다. 셋째, 국내 및 국제 연석회의가 진행되기 시작하면, 국내적으로 민 · 관 · 산 · 학 · 연 기반 협의체인 가칭 '국경협력위원회'를 설립 및 가동한다. 한편 제도적 발전 과정을 뒷받침하는 협의의 발전은 가능하면 국제적 국경협력 사안을 보편적 관점에서 논의하는 것으로부터 출발하되, 점차적으로 보편적 합의의 틀을 접경협력의 특수한 난제를 해결하는 방향으로 적용하여 추진한다. 또한 초기에는 경제협력 및 연성 이슈를 중심으로 논의를 진행하여 참여자들 간의 공감대를 넓히는 방향으로 추진하며, 어느 정도 시간이 경과한 이후에는 점진적으로 경성 이슈에 대한 논의로 확대할 수 있을 것이다. 다시 한 번 강조하는 점은 평화번영 특별지대는 열린 공간이기 때문에 참여주체를 최대한 넓게 받아들이는 자세가 중요하며, 다양한 주제를 다룰 수 있도록 운영하는 것이 필요하다.

다. 정책적 고려사항

한반도와 그 주변 지역이 국경(접경) 협력 가능성을 남북한과 수변국 그리고 육상과 해양이라는 네 개의 공간 축을 통해 고찰한 본 연구는, 각 공간별 국경 협력 정책의 환경과 성격 그리고 가능성의 전망이 대단히 다양함을 보여준다. 이는 4개 공간별 협력 과제를 종합하여 일괄적으로 추진하기가 쉽지 않음을 의미하며, 국경 협력 정책 입안을 위해 주도면밀한 전략이 필요함을 역설한다. 본 연구에서 제시하고 있는 국경(접경) 협력은 기본적으로 우리의 국경안보를 위한 포괄안보의 일환인바, 군사 및 국경관리 차원에서 각 공간별로 유의해야 할 사항들이 적지 않다. 중요한 것은 이들 유의사항이 국경 협력 가능성 자체를 차단하기보다는, 평화롭고 번영하는 국경지역을 만들기 위해 특별히 주목하고 해결해 나가야 할 핵심 과제라는 인식을 갖는 일이다.

남북한 육상 접경 지역 협력을 위해서는 남북 간 협력과 함께 국제, 국내 차원에서의 노력이 병행되어야 한다. 남북을 가로지는 군사분계선 및 DMZ는 정전협정에 따른 것으로, 근원적으로 국제적 성격을 갖고 있으며, 실제 DMZ의 관할권은 군사정전위원회가 갖고 있다. 따라서 남북 간 합의를 통해 접경지역 협력을 추진한다고 하더라도 실질적으로 유엔사의 승인이 필요한 만큼 DMZ 관할권 문제를 해결해야 한다. 작게는 한미 간 협의 크게는 정전협정 당사국들 간 DMZ 관할권 이양에 대해 협의가 필요하다. 동서독 접경위원회의 경험에서 보이듯, 접경지역에서 발생하는 환경, 수자원, 질병 등 문제들을 다루는 것은 중앙정부만의 노력으로는 가능하지 않으며 접경지역 지자체들의 적극적인 참여가 병행되어야 한다. 따라서 접경지역의 남북협력을 위한 '남북접경공동관리위원회' 의 추진체계에 접경 지자체들이 참여할 수 있도록 해야 한다.

그러나 DMZ 관할권의 이양을 유엔사 해체에 대한 주장과 동일시해서는 안 된다. 남북 접경협력이 구체적으로 추진되는 과정에서 협력의 장애요소로 북한 측에서 유엔사 해체를 요구할 수 있다. 남북 접경지역의 평화적 이용이라는 목적과 조건을 충족한다면 유엔사가 이를 거절할 명분이 없으며 DMZ의 포괄적 관리권을 확대할 것이다. 최근 미국의 유엔사 재활성화 프로그램과 한국의 DMZ 관할권 이양 사이 긴장관계가 있지만, 원활한 협의를 통해 남북 간 접경협력을 추진할 필요가 있다.

남북한 해양 접경 지역 협력에서는 동해와 서해를 분리해서 대응할 필요가 있다. 서해의 경우, 서해 NLL에 대한 북한의 인정을 전제로 서해공동어로수역과 서해평화협력특별지대 사업을 추진해야하며, 북한이 서해상에서 우발적 무력충돌 방지방안을 이행하도록 지속적으로 요구해야한다. 하지만, 서해 NLL을 재설정하자는 북한의 요구를 수용하는 것은 위험하며, 서해공동어로수역은 서해 NLL을 기준으로 등거리, 등면적 설정을 원칙으로 추진해야 한다. 또 대북제재 상황에서 북한에 현금을 지원하는 경제협력사업의 추진에는 신중함이 필요하다.

동해의 경우에는, 남북한 어선의 구난구조와 수산자원 이용 등 지속 가능한 어업활동을 전략적으로 전면에 내세워 동해 접경수역에서 우리의 영향력을 확대해나갈 필요가 있다. 이는 남획과 불법조업 등 중국 어선의 영향력 축소를 위해 필수적이다. 또 북한이 서해 NLL에 문제를 제기할 경우 동해 NLL문제도 함께 논의해야 한다. '도(道)경계선' 을 남북 등거리로 연장한다면, 동해 북방한계선도 조정되어야 마땅하기 때문이다. 아울러 북측 동해 수역 입어나 공동어로 시 어선의 신변보장 및 관련 협의기구 정례화도 필수적이다. 하지만 단순 경제협력 차원의 조업권 구매는 지양해야 한다. 중국 어선에 더해 우리 어선까지 진출해 북한 어장을 황폐화시킨다는 비판을 받을 가능성이 있기 때문이다. 또 경제적 타당성 분석 없는 입어 사업도 지양해야 한다. 설령 북측이 관련 조사를 꺼린다고 하더라도 시범사업을 통해 어장의 경제성 분석은 필수적이다. 더욱이 어선의 구난구조 협력 체계가 구축되더라도 인도주의적 차원에서 북측 어민의 귀순 의사 반영은 수용할 필요가 있다. 이 같은 원칙은 북측으로 돌려보내라는 북한의 요구와 압박 가능성에도 불구하고 견지될 필요가 있다.

한편 주변국과의 육상 국경 지역 협력에서는 주변국과의 신뢰 구축을 기반으로 한 국제적 차원의 대응이 필요하다. 한반도는 동북아 지역에서 지리적으로 매우 중요한 위치를 차지하고 있다. 반도국가로서 북쪽으로는 중국과 러시아 등 대륙국가가 자리잡고 있으며, 남쪽으로는 미국과 일본 등 해양국가가 자리 잡고 있다. 한반도는 필연적으로 대륙과 해양의 교두보로서 환태평양 지역의 국제정치 질서에 매우 민감하게 움직였다. 한반도의 평화와 통일은 동북아의 평화 및 통합과 분리될 수 없다. 이것은 과거 동서독의 평화와 통일이 동서유럽의 평화 및 통합과 분리될 수 없다는 빌리 브란트의 '신동방정책' 의 교훈과 맥을 같이 한다. 따라서 한국은 한반도의 평화와 통일 그리고 동북아의 평화와 통합을 위해 남북국경 및 동북아의 국경협력을 시작으로 한반도와 동북아를 하나의 단일시장으로 연결하는 노력을 기울여야 한다.

이에 우리 정부는 남북 평화 정착을 위한 노력과 함께 동북아의 주요 국가들 간의 평화와 협력을 위한 외교적 노력을 꾸준히 진행할 필요가 있다. 이를 위해 적극적인 남북정상 회담을 통해 남북관계의 정상화를 추진하고, 이를 계기로 중국과 러시아 등과의 통합외교를 통해 한반도와 동북아를 하나의 단일시장으로 연결하는 노력을 추구할 필요가 있다. 독일통일이 유럽통합의 노력을 통해 이뤄진 것처럼 한반도의 통일 또한 동북아의 통합을 위한 노력을 통해 달성될 수 있기 때문에 한반도와 동북아의 평화와 통합을 위한 노력을 꾸준히 실현해 나가야 한다.

한편 남북 접경과 동북아 주요 국가들과의 국경협력은 한반도의 평화와 통일 그리고 동북아의 평화와 통합을 위해 필요함에도 불구하고, 세계적인 패권 차원에서 볼 때 한국의 안보와 경제 기반은 미국을 중심으로 한 한미동맹에 더 큰 비중을 둘 수밖에 없다. 지난 70여 년간 한국의 눈부신 번영은 한미동맹의 안정적 기반 위에서 이뤄졌으며, 향후 우리의 지속가능한 번영 또한 한미동맹의 기반 위에서 동북아 국가(중국과 러시아 등)들과의 협력을 통해 달성될 수 있다는 점을 기억해야 한다. 한반도와 동북아를 연결하는 국경지대 협력을 위해 중국과 러시아 등 동북아 대륙 국가들과의 협력과 교류가 매우 중요함에도 불구하고 이것이 한국이 중국 편에 선다는 인상을 줌으로써 한미동맹의 약화로 흐르는 방향으로 가서는 안 된다. 오히려 미국을 이러한 국경지대 협력의 중요한 파트너로 참여시켜 미국이 참여하는 한반도-동북아 교통물류망 건설의 방향을 놓고 동북아 주변국들과도 협의할 수 있을 것이다. 북핵문제 해결과 대북제재의 완화 등 모든 주요한 이슈들이 결국 미국과의 협력을 통해 이뤄질 수 있는 만큼, 한반도와 동북아를 연결하는 교통물류망 또한 미국의 참여로 인해 더 활발한 진척을 이뤄낼 수 있다. 즉, 미국을 배제한 노력이 아니라 미국의 참여를 이끌어 내어 한미동맹을 강화하는 차원에서 남북한과 동북아의 평화와 통일 그리고 통합의 역사가 이뤄질 수 있도록 우리 정부의 각별한 노력이 필요하다.

주변국과의 해양 국경 지역 협력을 위해서는 점증주의 및 기능주의에 기초한 접근이 중요하다. 해양문제는 단기간에 해결될 수 없으며, 따라서 새로운 정책방안 모색과 함께 기존의 협력을 강화하는 방향 등이 모색되어야 한다. 포괄적 접근도 중요하다. 해양문제는 상호간 연계성이 높고 해양국경의 특성상 포괄성, 개방성, 불명확성이 강하기 때문에 해양 국경(경계) 지역에서의 직접적 협력도 필요하나 포괄적인 접근이 뒷받침되지 않을 경우 한계가 존재한다는 점을 인지해야 한다.

하지만, 주변국과의 해양 국경 지역 협력에서 현상을 급격하게 변경할 수 있는 획기적인 정책 추구는 지양해야 한다. 정치적 불안 및 현 패권경쟁적인 역내 상황을 고려할 때, 급격한 현상 변경은 역효과를 발생시키기 때문이다. 또 영토분쟁 등의 문제를 '근본적으로' 해결하려는 노력도 경계해야 한다. 일부 문제 특히 해양 영토분쟁 등은 사실상 근본적 해결이 어렵거나 매우 오랜 기간이 소요될 가능성이 높다. 따라서 근본적 해결 방안보다는 리스크 매니지먼트에 중점을 둘 필요가 있다.

3. 결론

본 연구는 수많은 전문가들이 참여한 자문회의와 공동연구진들 간의 협업을 통해서 한반도의 국경 협력과 관련된 사안을 포괄적으로 제시하고자 노력했다. 이 과정에서 도출된 정책 과제는 앞에서 제시한 바와 같이 다양한 분야에서 다양한 방식으로 실천될 수 있을 것이다. 이와 같은 국경 협력 관련 정책과제의 제시 목표는 궁극적으로 한반도의 분단 상황을 극복하고 통일을 이룩하는 데 기여하는 것이다. 본 연구의 시간적 범위를 통일 이전까지로 한정한 것은 통일 이후를 상정하지 않는 것이 아니라, 오히려 통일을 촉진하는 데 도움이 될 수 있는, 보다 실천적인 국경안보 기여 방안을 도출하고자 한 때문이다. 이러한 맥락에서 결론에서는 본 연구의 추진 과정에서 간접적으로 제기된, 통일 정책 방향과 관련된 사안을 적시하고자 한다.

첫째, 본 연구의 공간적 범주는 남한과 북한의 육상 및 해양 접경지역과 남한의 해양 국경 및 북한의 육상 국경이었는바, 본 연구에서 제시하고 있는 정책 방안은 한반도의 국경 상황이 통일 상황을 맞이해서 변화되는 상황에도 적용할 수 있는 시사점을 제공한다고 할 수 있다. 즉, 국제적 국경 협력의 진전은 한반도의 통일 환경을 우호적으로 만드는 효과가 있을 뿐만 아니라, 통일 과정에서도 중요한 역할을 할 수 있으며, 통일 이후의 한반도 안정에도 직결되는 문제이기 때문에 현 시점에서도 매우 중요하게 장기적 안목을 갖고 준비해야 할 것이다.

둘째, 본 연구의 양대 주안점인 남북 접경 협력과 국제 국경 협력의 추진과 관련하여, 한반도 분단의 특수성을 어느 정도까지 또는 언제까지 인정하면서 국경 협력을 추진해야 할 것인가에 대한 문제를 신중하게 다루어야 한다는 시사점을 얻을 수 있다. 남북 접경 협력 사안의 경우, 우리는 북한의 수용성을 우선시하는 경향을 보여 왔기 때문에, 북한의 낙후성과 경제적 후진성을 감안하여 정책 방안을 제시해 왔던 것이 사실이다. 더욱이 통일을 염두에 둔 대북 협력 정책의 경우, 북한의 경제력을 끌어올려야 한다는 명제 때문에 남한의 입장은 상대적으로 소홀하게 취급한 경우도 있었다. 국제적 국경 협력 사안의 경우, 우리는 주변국이 강대국이라는 사실과 동북아시아의 지정학적 복합성으로 인해 독자적이고 능동적인 자세를 강력하게 견지하지 못하는 경우도 많았다. 결국, 이와 같은 어려운 정책 환경은 우리로 하여금 진취적 정책 성향보다는 수동적 정책 방향을 취하게 하는 요인으로 작용해 왔다. 따라서 능동적이며 진취적인 국경 협력 정책을 통해서 한반도의 평화와 번영을 견인하기 위해서는 우선적으로 우리가 보유하고 있는 경제적 역량을 통해 북한 및 주변국과의 국경 협력을 추진함으로써 군사 · 안보적 한반도 정책 환경의 불리함을 극복할 수 있을 것으로 판단된다.

셋째, 본 연구에서 제시한 정책 과제의 지속적 추진을 위해서는 우선적으로 남한 내에서 초당적 합의가 있어야 한다는 점을 지적하고자 한다. 우리가 여기에서 다루고 있는 국경 협력의 문제들은 한반도 상황의 변화를 염두에 두고 있기 때문에 이에 대해서 남한 내에 다양한 의견이 존재할 수 있다. 하지만, 대북 정책 차원의 접경 협력의 추진 문제나 국경안보 차원의 국경협력 추진과제는 우리의 국익과 직결되는 문제이기 때문에 민감할 수 있다. 따라서 정치적으로는 초당적 합의가 중요하며, 가능하면 전 국민적 지지를 바탕으로 진취적 국경 협력의 과제가 실천되는 일이 중요할 것이다.

넷째, 정책성과의 점증적 축적에 기반 한 정책 추진이 매우 중요하다는 점을 재차 강조하고자 한다. 사실, 국경 협력의 경우 소소한 협력 사안에서부터 막대한 인프라 연결 사업까지 다양한 규모의 정책을 내포하고 있기 때문에, 초기 단계에서 이룩한 성과가 후기 단계에서 유명무실화되는 경우에는 전체적 정책 성향을 바꾸어 버릴 수도 있다. 따라서 정책 추진의 불가역성을 항상 염두에 두고 정책을 입안하는 자세가 매우 중요하다.

마지막으로, 한반도의 분단 상황이 이미 70여 년을 경과하고 있기 때문에 통일에 대한 희망이 점차 낮아지고 있는 것이 현재의 모습이다. 이러한 맥락에서 우리는 한반도 통일을 달성하기 위한 현실적 준비와 관련한 다양한 각계각층의 논의를 필요로 한다. 즉, 냉전이 해체되는 시점에 마련한 한민족공동체 통일방안이 30년의 성상을 거쳤으므로 그 동안 진행된 한반도 주변 정세의 변화와 남한의 발전 및 북한의 변화를 종합적으로 고려한, 보다 진취적이고 종합 · 발전된 형태의 통일 청사진이 필요하다.

제2부
DMZ · 접경지역과 거버넌스

〈〈〈 DMZ 평화와 접경 협력

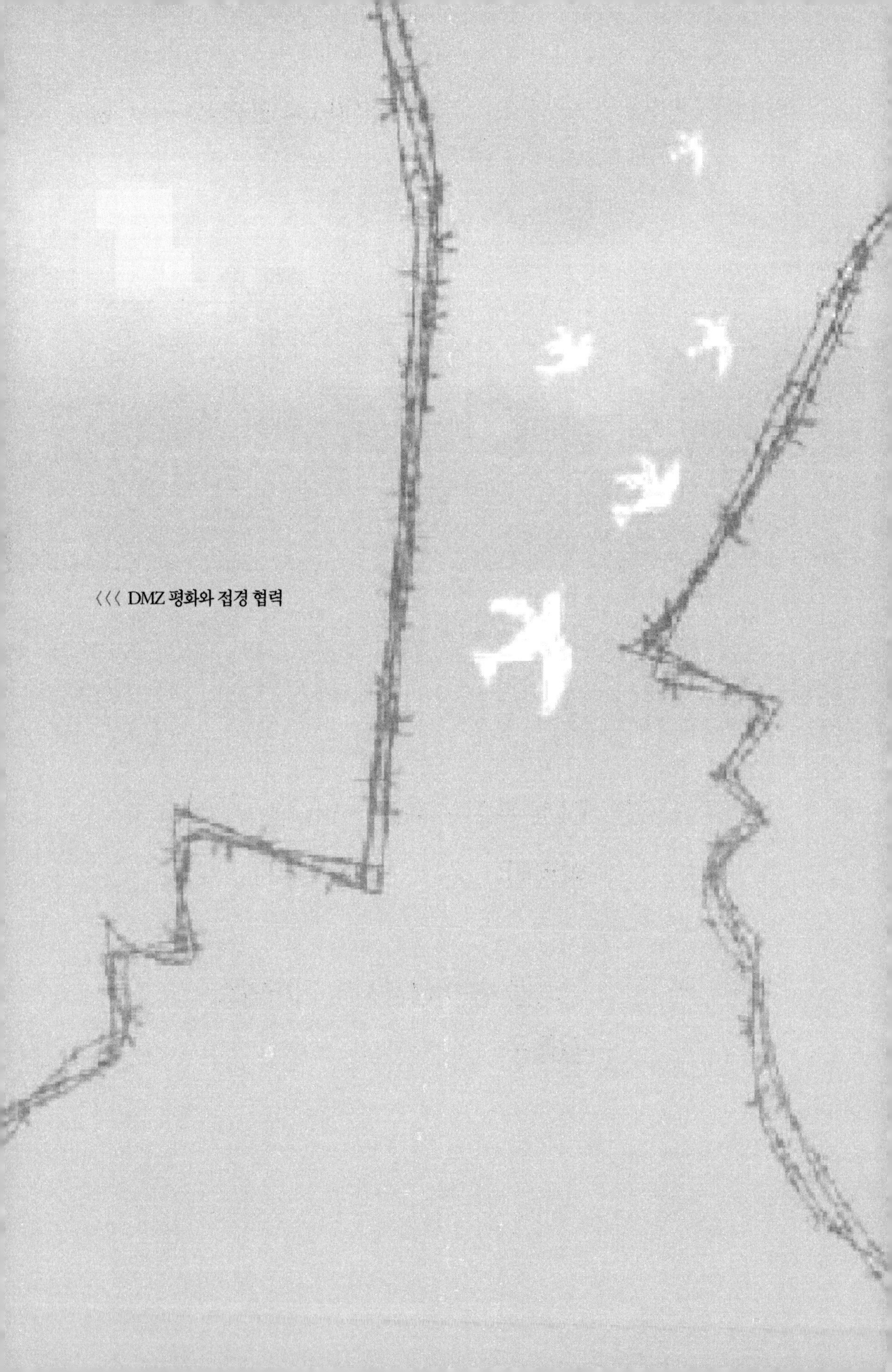

대진대 DMZ 연구총서 2

제3장 DMZ 평화 자원과 거버넌스[1]

박영민 _ 대진대

I. 들어가며

6.25전쟁은 유엔안보리 결의(제82호)와 유엔군 파견, 군사정전협정 체결과 군사정전위원회 구성 등 시작부터 휴전까지 3년 1개월에 걸친 결코 짧지 않은 전쟁이었다. 또한 냉전 시기에 벌어진 최초의 열전(hot war)이자 세계 냉전사의 중대 사건으로 기록되고 있다. 6.25전쟁의 유산으로 남은 DMZ는 분단 70년 동안 남북관계가 길항하든 상승하든 그 중심에 위치해 왔다. 그러나 국제 사회로부터 큰 관심으로 받지는 못해 왔다.

그런데 DMZ는 남북한 군사충돌이 전쟁으로 비화하는 것을 막는 안전지대가 되기도 했으며, 때로는 평화적 교류 · 협력의 물리적 걸림돌이 되기도 했다. 1960년대 'DMZ 소전쟁(DMZ small War)' 과정에서 DMZ는 갈등지대이자 완충지대가 되기 했다. 2000년대에는 개성공단과 금강산 관광사업, 경의선 · 동해선 연결과 소통의 축이면서도 원활한 통신 · 통행 · 통관의 제약요인이 되었다. 이처럼, DMZ는 서로를 잇고(연결), 스며들고(소통), 번짐(확산)으로써 경계(border)의 모순을 극복하려는 노력에도 불구하고 서로를 제약하고 제한하는 장치가 되어 남한에게는 '대륙의 섬', 북한에게는 '대륙의 모퉁이' 로서의 지정학적 숙명을 강요해 왔다. 요컨대, DMZ는 한반도의 현재성(nowness)을 규정하고, 6.25 전쟁은 '청산되지 못한 전쟁' 으로 남아 한반도의 시세와 처지를 결정하는 조건이 되고 있다.

국가 또는 민족 간의 경계는 고정돼 있지 않으며, 일시적이다. 분단 이후 남북 간에 여러 차례 대화와 연결이 이뤄졌고, 교류 · 협력이 추진되었다. 그러나 DMZ 만큼은 무풍지대였다. 즉, DMZ에서 긴장 해소 조치가 실질적으로 이뤄진 적은 거의 없다. 그런데 2018년 '4.27 판문점선언' 에서 '9.19 평양공동선언' 에 이르는 과정은 잠시나마 DMZ에 '보이는 평화(visible peace)' 를 경험하게 했다. 더욱이 2018년 11월 20일 남북한은 상호 군사분야 합의 이행을 위해 DMZ 안에 있는 열 개의 경계초소(GP)를 동시에 폭파해 제거하였다.

이 글은 DMZ를 6.25전쟁과 그 현재성, 즉 DMZ의 왜곡에 주목하고, 평화 지향적 연대와 이를 통한 장애 극복의 가능성을 진단하는 데 연구 목적을 두고 있다. 보다 구체적으

1)* 이 글은 "DMZ 일원의 보훈가치와 협력 거버넌스의 구축," 「한국보훈논총」 제19권 제4호(2020)에 실린 내용을 대폭 수정 · 보완하였습니다.

로 'DMZ 일원' 즉, DMZ와 민통선 지역(CCZ: Civilian Control Zone), 접경지역에 내재된 가치를 바탕으로 글로벌 네트워크 구축 가능성을 살피고자 한다. DMZ 일원은 대체로 세 가지 가치사슬로 이뤄져 있다. 평화(peace), 생태(eco), 기억(memorials)의 가치가 그것이다. 나아가 DMZ 가치사슬은 하나의 자원으로 간주된다. 평화와 기억은 시간과 그 축적의 소산이며, 생태는 공간의 산물이다. 6.25전쟁은 평화와 기억 자원을 만들어 냈다. 또한 남북통일의 선행조건으로 한반도 평화체제 수립을 목표로 한다면, 우리 사회에 '평화 만들기(peace-making)' 과정은 필수적이다. 이를 위해서는 민주적이고(democratic), 지속가능하며(sustainable), 실천적인(practical) 정책 프로그램들이 뒷받침 되어야 한다.

우리 사회에는 통일을 바라보는 시각, 북한에 대한 인식체계, DMZ 일원에 대한이해가 매우 다양하고 중층적으로 형성돼 있다. 이에 따라 이 글에서는 앞서 언급한 바와 같이 6.25전쟁의 결과로 탄생된 DMZ와 파생된 자원들을 '협력적 거버넌스(cooperative governance)' 라는 렌즈를 통해 바라본다. 이에 따라 DMZ를 고리로 한 글로벌 네트워크 수립 가능성을 검토한다.

II. 협력 거버넌스와 DMZ 일원의 가치체계

1. 거버넌스 신드롬과 협력적 거버넌스

2000년대 이후 사회과학 분야에서 '거버넌스' 개념이 크게 유행했다. 특히 거버넌스 관련 연구 또한 바닥을 이루다가 2000년 이후 급증하였으며, 2005년에는 200편 이상의 논문이 발표되기에 이르렀다.[2] 거버넌스는 대중적 용어로 사용되어 왔지만 과학적 설명을 위한 이론적 개념은 아니었다. 즉 협치, 협업, 그리고 공치와 같은 번역에 따라 자의적으로 사용되어 왔다. 더욱이 소수 연구에서는 기각된 대안임에도 불구하고 무엇인가 개혁적인 것으로 인식해 '거버넌스' 개념을 함부로 남용한 측면도 있었다.[3] 즉 거버

2) 김의영, "동아시아 거버넌스에 대한 문헌 연구," 「한국과 국제정치」 제22권 3호(2016), pp.144-148.
3) 이명석, 『거버넌스 신드롬』(서울: 성균관대학교 출판부, 2018), pp.33-36.

넌스는 연구 영역과 주제, 그리고 맥락과 학자에 따라 매우 다양하게 사용되어 왔다. 그렇다 보니 거버넌스는 '구름 같은(cloud like)' 무정형적 분석 도구로 사용되어 왔다. 이처럼 거버넌스를 어떻게 개념 정의할 것인지, 그리고 거버넌스의 하위유형 혹은 양식은 어떻게 분류할 것인지에 대해 지식공동체의 논의는 충분히 이뤄지고 있지 않다.

한편 현대 사회에서 중앙집권적 정책관리로 사회적 의제의 수렴과 갈등 해결을 기대하기란 여간 쉽지 않다. 이는 현대 사회가 지닌 특질인 이해관계의 세분화와 복잡화, 이로부터 말미암은 사회적 문제들을 정부 혼자의 힘으로 조정하고 해결하는 것이 불가능하다는 것을 의미한다. 따라서 현대 국가에게는 '시장–국가 관계' 에 바탕을 둔 거버넌스가 실패하지 않도록 관리해야 하며, 무엇보다 이를 위해서는 '바람직한 거버넌스' 를 수립해야 한다.[4] 이에 사회적으로 편재된 행위자들의 네트워크 관리를 담당하는 정부의 위상과 역할은 재검토 되어야 하며, 정부는 '바람직한 거버넌스' 를 만드는 것이 매우 중요한 과제를 부여받게 되었다. 특히 정부는 '바람직한 거버넌스' 를 위해 공동체의 문제해결 과정(제도화)에서 거버넌스가 잘 수행되도록 능동적으로 관리해야 한다.

일반적으로 거버넌스가 추구하는 방향(안정적, 혁신적), 정부의 권력의 운용방식(집권, 분권, 관리)을 정리해 보면 〈표 1〉과 같이 유형화할 수 있다.

〈표 1〉 거버넌스 유형

구분	집권형	분권형	관리형
지속성, 질서 위주	계층적 거버넌스	자치형 거버넌스	조율된 현상유지 거버넌스
혁신, 변화 위주	계획적 혁신 거버넌스	개방형 거버넌스	조율된 변화지향 거버넌스

* 출처: 임성학 · 서창록 · 민병원 · 전재성, 『한반도평화 · 번영 거버넌스의 활성화를 위한 이론적 논의와 개념적 틀』(서울: 통일연구원, 2008), p.8.

한편, 밥 제솝(Bob Jessop)은 거버넌스 속에서 정부의 기능을 설명하는 과정에서 정부가 주로 수행해야 하는 것은 '지도(guidance)' 라고 말한다. 나아가 정부는 더욱 확대된 영역에서 '거버넌스의 거버넌스(the governance of governance)' 로서 '메타 거버

4) 임성학 · 서창록 · 민병원 · 전재성, 『한반도평화 · 번영 거버넌스의 활성화를 위한 이론적 논의와 개념적 틀』(서울: 통일연구원, 2008), p.70.

넌스(meta governance)' 역할을 수행해야 한다고 강조한다.[5] 제솝에 따르면, 메타 거버넌스는 거버넌스를 위한 조건의 조직화로 시장, 계층제, 네트워크가 관여된 것이다. 즉, 메타 거버넌스는 정책성과를 위해 계층제, 시장 네트워크 거버넌스의 적절한 조합을 설계하고 관리함으로써 일정 정도 조정된 거버넌스를 생산하는 수단이다. 이와 관련해 소렌슨(Eva Sørensen)은 메타 거버넌스를 '거버넌스의 조정을 향상시키는 방식을 대표하는 것' 으로 정의하고 있다. 즉 메타 거버넌스는 구성(framing), 촉진(facilitation), 협상(negotiation)과 같은 다양한 조정양식을 통해 거버넌스의 행위 과정에 영향을 미침으로써 하향식 거버넌스의 성격을 지닌다는 것이다.[6]

이러한 맥락에서 공정하고 효율적 거버넌스 체제를 위해서는 책임을 지닌 주체가 필요하며, 현실적으로 이러한 주체는 정부(중앙 및 지방)가 담당해야 한다. 아울러 시민사회에서 거버넌스 조정체계를 효과적이고 공평하게 수립하기 위해서는 정부의 역할이 핵심적이다.

2. DMZ 일원의 가치

한반도 DMZ는 국제적 '기억 유산' 으로서 가치를 지니고 있다.[7] DMZ는 6.25 전쟁의 소산이며, 6 · 25 전쟁은 국제전쟁으로서 위상을 지닌다. 6.25전쟁 과정에 유엔 진영으로 참여한 국가는 모두 60개국에 달한다. 여기에는 유엔군으로 직접 병력을 지원한 16개 국가를 포함해 의료지원국 5개국(인도 · 스웨덴 · 노르웨이 · 덴마크 · 이탈리아), 그리고 물자지원국 39개국(서독 · 버마 · 캄보디아 · 코스타리카 · 쿠바 · 에콰도르 · 헝가리 · 아이슬란드 · 이스라엘 · 자메이카 · 라이베리아 · 멕시코 · 파키스탄 · 베네수엘라 · 아르헨티나 · 오스트리아 · 온두라스 · 인도네시아 · 이란 · 레바논 · 대만 · 사우디아라비아 · 베트남 · 칠레 · 도미니카공화국 · 이집트 · 엘살바도르 · 과테말라 · 파나마 · 스위스 · 시리아 · 아이티 · 모나코 · 파라과이 · 페루 · 우루과이 · 일본 · 리히텐슈

5) Bob Jessop, "Multi-Level Governance and Multi-Level Metagovernance," in Ian Bache and Matthew Flinders, eds, *Multi-Level Governance*(Oxford: Oxford University Pressm 2004, pp.49-74.

6) Eva Sørensen, "Metagovernance: The Changing Role of Politicians in Processes of Democratic Governance," *The American Review of Public Administration,* Volume: 36 issue 1(2006), pp.98-114.

7) 김가영, 이선, "세계유산으로 등재된 기억유산의 등재기준에 관한 연구," 「문화재」 제49권 제4호(2016), pp.22-37.

타인 · 바티칸)이 포함되어 있다. 나아가 물자지원 의사표명국가 3개국(니카라과 · 볼리비아 · 브라질)을 추가하면 모두 64개 국가에 이른다. 또한 공산측 참여 국가는 중화인민공화국(파병), 소련(물자 지원, 비공식 파병)을 비롯해 의료지원 6개국(체코슬로바키아 · 폴란드 · 헝가리 · 동독 · 불가리아 · 루마니아), 물자지원 2개국(몽골 · 인도)으로 모두 10개 국가가 참여하였다. 따라서 유엔군과 공산측 모두 6.25전쟁 참여 국가는 72개 국가에 이른다.[8)]

한편, 전쟁으로 인한 전사자는 국군 13만 7,899명, 유엔군 4만 670명에 이른다. 실종자와 부상자, 그리고 민간인 피해자까지 합치면 그 수는 헤아리기 힘들 정도로 더 늘어난다. 이처럼 한국전쟁은 냉전시기 가장 치열했던 국제전으로서 의미를 지닌다. 군사정전협정 규정에 따르면, 한반도 휴전상태의 관리 · 감독 임무는 군사정전위원회(MAC: Military Armistice Commission)와 중립국감독위원회(NNSC: Neutral Nations Supervisory Commission)에 있다.

한반도 DMZ는 세 가지 점에서 특징적 조건을 이루고 있다. 첫째, 세계에서 가장 넓은 중무장된 지역이라는 점이다. 1953년 '군사정전협정' 이 체결되면서 DMZ가 설치되었고, 북한은 정전협정 직후 철책 가설(제1 철책선)에 나섰으며 1963년 DMZ 안쪽에 제2 철책선을 가설하고 요새와 진지를 구축하였다. 이에 대응하여 한국은 1964년 처음으로 남방한계선 일반전초(GOP)에 목책을 설치하였다. 이는 휴전선 남측 구간에 설치된 최초의 차단시설이었다. 1960년대 중반 이후 DMZ가 상시적 군사적 충돌지대가 되었다.[9)] 그러면서 DMZ의 무장화는 더욱 강화되었다. 1965년 8월 철조망 교체작업은 미 1군단 사령관이 제2사단에 장벽의 필요성을 언급하고 작업을 지시하면서 시작되었다. 이때 지뢰, 트립 플레어(trip flares)와 부비트랩(booby traps)으로 강화된 100m 폭의 이중 철조망 등이 구상되었다.[10)] 철조망은 영토의 구획과 자유로운 이동을 막는 권력의지의 표현으로, 분할된 영역의 타자성과 적대성을 표현한다. 이것은 타자의 접근금지뿐 아니라 동일자의 월경금지를 지시하며, 경계와 보호를 동시에 함축하고 있다.[11)]

---

8) 인도의 경우, 공산측의 물자지원에 참여하였다.

9) 박영민, "DMZ 군사충돌 사례와 요인 연구,"「공공정책과 국정관리」제11권 제4호(2018), pp.132-140.

10) 한모니까, "1960년대 비무장지대(DMZ)의 무장화 과정과 배경." 「사학연구」제135호(2019), p.192.

11) 정근식, "냉전 분단 경관과 평화: 군사분계선 표지판과 철책을 중심으로," 「황해문화」2018.9.p.164.

1960년대 중반 이후 DMZ 군사충돌은 1969년까지 이른바 'DMZ 소전쟁' 시기를 형성했다. 휴전선 전역에 대한 철책 설치는 1967년 DMZ에서의 군사충돌이 격화되는 가운데 서종철 당시 1야전군사령관 지시로 조직된 '대침투작전위원회'에서 제기되었다. 이후 철책은 미군의 원조로 1968년부터 제21사단에서 설치되기 시작하여 이후 전면적으로 확대되었으며, 1972년에 완료되었다. 이후 이 철책들은 다시 세워지거나 덧씌워졌다.[12] 248km 휴전선 전역에 2중 · 3중 철책이 설치되면서 DMZ는 차단선으로 변모하게 되었다.

1965년~1969년 간 DMZ에서 벌어진 총격전은 415건에 달했다. DMZ 내부와 남한지역에서 인민군에 의한 군사도발은 1966년 30건에서 1967년 218건, 1968년356건으로 급격히 증가하는 추세를 보였다. 북한의 DMZ 일대에서의 도발은 외교적 환경변화에 따른 것이었다. 즉, 북한은 후원국가인 중국과 러시아 간 갈등이 국경분쟁으로 이어지자 양국 관계 사이에서 딜레마 빠지게 되었다. 이는 북한에게 일종의 '피포위 의식'을 제공하였다.

군사정전협정에 따르면, DMZ에는 무장병력이 주둔해서는 안 된다. 그러나 남북한은 DMZ 내에 감시초소(GP)를 설치하여 운용 중에 있다. GP는 남붇한이 각각 60개, 160개를 운용 중이며, 민정행정경찰이라는 명칭으로 병력을 상주시키고 있다. 이처럼 DMZ는 분단이 지속되면서 그 만큼 갈등과 단절의 공간으로서 성격이 더욱 공고해 졌다.

둘째, DMZ는 생태 · 환경의 보고이다. 1953년 군사정전협정 당시 992km^{2}에 달했던 DMZ 면적은 570km^{2}로 43% 가량 축소되었다. 서울시 면적(605km^2)의 약 94%, 여의도 면적(2.9km^2)의 197배 수준이다. 그런데 DMZ와 CCZ, 접경지역이 차지하고 있는 면적은 총 1,087km^{2}에 달한다. DMZ 일원에는 산림과 계곡, 하천, 습지 원형이 잘 보존돼 있어 2,930종에 달하는 생물종이 평화롭게 공생하고 있다. 특히 멸종위기 야생생물 I 급인 산양과 사향노루, 두루미와 멸종위기 야생생물 II 급 재두루미 등이 서식하고 있다. 사향노루는 DMZ 일원에 30여 개체가 서식하고 있는 것으로 알려지고 있다. 이들 멸종위기 생물은 국가적색목록 위급(CR), 국제자연보전연맹(IUCN) 취약(VU) 등급으로 지정되어 있다. 판문점 일대와 파주, 철원, 강화도는 DMZ의 대표적 조류인 두루미 월동지이다.

12) 정근식(2018), p.150.

두루미는 세계적으로 그 개체수가 2,000마리 정도에 불과한 것으로 알려지고 있다. 천연기념물 제243호 독수리도 파주, 철원 등지에서 월동하고 있다. 강원도 남대천 인근지역은 천연기념물 제323호 황조롱이 등 수십여 종의 여름 철새가 발견된다. 뿐만 아니라 천불산에서 삼천봉－적근산－백암산－백석산－가칠봉－백두대간－건봉산－까치봉 구간 천연산림지대에는 사향노루와 산양이 서식하고 있다. 아울러 남북 공유하천으로서 한탄강 유역은 강을 중심으로 형성된 지질공원을 이루고 있다. 이 지역은 2020년 7월 7일 '유네스코 세계지질공원' 으로 승인을 받게 되었다. 현재 DMZ 남측 지역의 화적연, 비둘기낭 폭포, 아우라지 베개용암, 재인폭포 등 26곳이 지질 · 문화 명소로 등재된 상태이다.

셋째, DMZ 일원에는 다양한 인문학적 콘텐츠가 존재해 있다. 철원지역 DMZ 내에는 궁예가 839년 후고구려를 세운 뒤 905년 개성에서 천도한 태봉국 수도(궁예도성)가 위치해 있다. 도성 터의 한 중앙을 DMZ 군사분계선이 가로지르고 있다. DMZ 궁예도성은 여태 발굴되지 못한 상태에 있다. 철원지역 DMZ 내 태봉국 역사유적 공동조사 발굴이 이뤄진다면, 이는 남북 간 민족 동질성 회복에 중요한 자산으로 기능할 수 있다. 나아가 한탄강 유역의 선사유적과 아울러 국제적 기억자원으로서 도 높은 가치를 지닌다.

넷째, DMZ는 세계의 비무장지대 중 평화적 상징성이 큰 '장소성(placeness)' 을 지니고 있다. 한반도 DMZ는 세계에 존재하는 대표적 장소이기는 하나 유일한 존재는 아니다. 현재 갈등과 위기의 상징 공간으로 인식되고 있는 DMZ는 세계에 모두 16개 지역에 산재해 있으며, 지속적으로 발생하고 소멸하고 있다. 유엔 사이프러스 완충지대(United Nations Buffer Zone in Cyprus)[13], 이라크－쿠웨이트 DMZ(Kuwait-Iraq barrier), 스발바르 제도(Svalbard Islands), 남극(Antarctic) 등이다. 2018년 9월에는 러시아와 터키가 시리아 북서부 이들리브 주(Idlib Governorate)에 완충지대로서 DMZ(Idlib demilitarization) 설치를 합의한 바 있다.

과거 분단 시기 DMZ로 남아 있던 지역이 통일과 더불어 변모한 동서독 국경 지역과

13) '사이프러스 유엔완충지대' 는 '그린 라인' 혹은 '아틸라 라인(Atilla Line)' 이라 한다. '아틸라' 는 1974년 타키의 군사개입 작전 명칭에서 유래한다. 사이프러스 완충지대는 남북 사이프러스 간 분쟁을 방지하기 위해 1964년 수도 니코시아를 가로질러 폭 7.4km, 연장 185km 구간에 설치된 지역이다. 그런데 1990년대 이후 상호 교류가 확대되는 등 갈등적 국면은 크게 완화되고 있다. Zinova Foka, "Shared Space in Conflict Areas: Exploring the case of Nicosia's Buffer Zone," *Athens Journal of Mediterranean Studies*, Vol. 1, Issue 1(2015), pp.45-59.

북위 17도선을 축으로 형성된 '베트남 DMZ(Vietnamese DMZ)' 도 있다. 그뤼네스 반트(Das grunes Band)로 탈바꿈한 독일 DMZ는 과거 구 동독 주민의 서독 탈주를 방지할 목적으로 동독정부가 설치한 것으로서 폭은 동서독 경계선으로부터 50m~200m 구간에 불과하지만 총연장은 1,398km에 달하고 있다. 1998년 이후 본격적으로 그뤼네스 반트 관련 사업을 운영하고 있는 독일 환경단체 분트(BUND)는 분단 유산이자 생태적 가치를 강조하며 유럽 그린벨트와 연계시키고 있다.

한편 베트남 DMZ는 1954년 7월 21일 '인도차이나에 관한 9개국 회의' (제네바협정)의 결과로 남중국해에서 시작해 라오스 국경에 이르는 폭 10km, 길이 55km 구간에 이른다. 베트남 DMZ는 한반도 DMZ와 마찬가지로 민족 분단의 상징이라는 공통점을 지녔다. 그러나 통일을 이룬 베트남은 과거의 DMZ를 전쟁 유산을 강조한 가운데 다크 투어리즘(dark tourism) 관광자원으로 활용하고 있다. 즉, 생태나 평화보다 기억의 가치에 의존하고 있는 것이다. 이와 달리 한반도 DMZ는 냉전 시기 형성된 현존하는 DMZ로서 의의를 지니고 있다. 한반도 DMZ · 접경지역은 미발굴 역사 유적이 자리하고 있다. 이처럼 DMZ · 접경지역은 기억 유산, 생태 자원, 평화 가치라는 3축의 체계로 이뤄져 있다.

3. DMZ의 보훈 자본으로서 가치

우리나라의 '국가 보훈' 은 그 의식을 형성하는 독립운동(나라 되찾기), 호국(나라 지키기), 민주화(좋은 나라 만들기), 제대군인(의로운 공동체 가꾸기)이 핵심 구성요인이다. 이는 '사회적 자본' (social capital)으로 간주될 수 있다.[14] 특히 6.25전쟁은 '호국' 가치를 바탕으로 하는 사회적 자본의 원천을 형성하며, 시공간적로 다양하게 편재되어 있다. 특히 6.25전쟁은 DMZ라는 특수공간을 만들어 내 전쟁 유산과로서 평화 가치, 한민족사의 유적이 있는 기억 유산, 국제 멸종위기종의 서식지로서 생태 자원의 공존을 파생시켰다.

한편 퍼트남(R. Putnam)에 따르면, 사회적 자본은 협력적 행위를 촉진시켜 궁극적으

14) 신미애, 박영민, "보훈의식 함양을 위한 시민단체 · 지방자치단체의 역할 제고 방안 연구,"「한국보훈논총」제17권 제2호(2018), pp.93-97.

로 사회적 효율을 증진시키며, 사회공동체 내에서 상호 신뢰, 친사회적 규범, 협력적 네트워크의 기능을 수행한다.[15] 사회적 자본은 사회적 조정양식으로서 '네트워크 거버넌스' 와 같은 의미로 사용되기도 한다. 네트워크 거버넌스는 정부를 포함한 다양한 사회공동체 내의 다양한 행위자로 구성된다. 네트워크 거버넌스의 주요 기능은 정부와 시민사회 사이에서 문제해결에 따른 책임 및 역할 구분이 모호해지는 상황이 발생하지 않도록 하며, 자치적 네트워크로서 정부의 공적 권위에 의존하지 않는 사회문제 해결을 강조한다.[16]

사회적 균열을 극복하고 사회통합을 이루기 위해서는 공동체 내에 '신뢰' 가 확산되어야 한다. 이와 더불어 '관용' 이 이성적 규범으로 정착되어야 한다. 보다 능동적 차원에서 자크 데리다(Jacques Derrida)가 정의하고 있는 '환대(hospitality)' 가 있는 공동체가 되어야 한다.[17] 이를 통해 공공영역과 시민사회 영역이 '협력 네트워크' 를 이뤄야 하며, 이를 위해서 자율성, 신뢰성, 자원 · 정보 · 전문성 공유 등이 요청된다.

DMZ 일원은 본질적으로 한국전쟁의 유제에서 비롯한 '나라 지키기' (호국)와 이로부터 생성된 평화와 생태적 자원이 편재되어 있다. 그 중에서 DMZ 일원은 '생태 · 환경적 평화' 와 '군사적 긴장' 의 현실이 중첩되어 있다. 이마누엘 칸트(Immanuel Kant)에 따르면, 갈등은 인간의 노력에 의해 능히 평화로 치환될 수 있으며 이를 지속시킬 수 있다. 칸트는 인간의 이성적 노력을 통한 평화체제의 수립 가능성을 제기한다. 아울러 요한 갈퉁(Johan Galtung)은『환경, 개발, 그리고 군사활동』[18]을 통해 '평화－생태－안보' 관계를 축으로 한 대안적 안보 관점의 의의를 강조하고 있다. 즉, 평화의 문제를 인간집단 내부 또는 사회적 내연의 문제라고 주장하면서 생태와 평화의 결합적 의의를 제시한 것이다.

15) 로버트 D. 퍼트남 저, 안청시 외 역,『사회적 자본과 민주주의』(서울: 박영사, 2000), p.281.
16) 신미애, 박영민(2018). pp.93-97.
17) 자크 데리다, 남수인 역,『환대에 대하여』(서울: 동문선, 2004).
18) Johan Galtung, *Environment, Development and Military Activity: Towards Alternative Security Doctrines*(Oslo: Universitatsforlaget, 1982).

III. DMZ 일원의 보훈 거버넌스 구축 방안

DMZ · 접경지역은 '다중심성(polycentricity)' 을 지니고 있다. DMZ · 접경지역 관련 행위자는 각각 국내(domestic), 남북(inter-korean), 국제적(international) 층위로 구성되며, 정부와 민간영역으로 구분된다. 또한 행위 유형에 따라 전문가(또는 학술단체)와 활동가(또는 NGO)로 구분할 수 있으며, DMZ · 접경지역이 지닌 환경 · 생태(eco), 기억(memorials), 평화(peace)의 이슈 내지 가치에 따라 편재된다. 전문가들은 해결해야 할 이슈로 인식하고 설명(처방)하며, 활동가들은 가치로 인식하여 실천적 노력에 중점을 둔다. 즉 활동가들은 자신이 내걸고 있는 가치의 보호(protection), 촉진(promotion), 강화(enhancement)를 실천 목표로 삼는다. 가령, '한국두루미네트워크' 는 DMZ · 접경지역에 서식하는 두루미의 보호를 일차적 목표로 한다. 이를 위해 남북, 국제적 층위의 환경 · 생태 행위자들과 교류를 추진하고 연대한다. 또한 세계적으로 지뢰 제거 운동을 펼치고 있는 NGO인 국제지뢰금지운동(ICBL: International Campaign to Ban Landmines)은 '2018년도 지뢰 보고서(Landmine Monitor 2018)' 를 발간하였으며, 한국전쟁 전사자 유골발굴을 위한 공동 노력의 일환으로 추진된 DMZ 지뢰 제거작업을 평가하고 있다. 그렇다면, DMZ · 접경지역에 착종된 다양한 가치와 행위자들의 질서 있는 '협력' 을 촉진하기 위해서는 무엇이 요구되는가? 우선, 여기에서는 이를 위한 거버넌스로서 'DMZ네트워크' 를 상정한다. 'DMZ네트워크' 는 '평화의 원리' 구현이라는 패러다임 전환을 함축하고 있다. 우선, 'DMZ네트워크' 수립을 위해서는 다중심성과 협력을 전제하는 가운데 민주성, 지속가능성, 현실성의 원칙이 지켜져야 한다.

첫째, '민주성(democracy)' 의 원칙이다. DMZ · 접경지역 의제는 분단에 따른 구조적 폭력을 해소하는 것으로 '국민' 의 안보 이익과 남북 공존적 교류 · 협력의 추진에 따른 번영의 이익 등 '국민' 의 이익 보장을 위해 그 주인인 '국민' 이 실질적으로 참여하는 민주적 참여의 원리가 작용되어야 한다. 특히 DMZ · 접경지역 일원은 「군사기지 및 군사시설보호법」, 「자연환경보전법」 등에 따라 주민의 경제적 권리가 법 · 제도적으로 제약돼 왔다는 점에서 접경지역 주민의 의사가 충실히 반영되도록 해야 한다.

둘째, '지속가능성(sustainable development)' 의 원칙이다. DMZ · 접경지역의 생태 · 환경 보전을 중심으로 한 '생태적 지속가능성' 과 남북 교류 · 협력의 지속성과 안정성이 보장되는 '교류 · 협력의 지속가능성' 을 동시에 의미한다. 생태적 측면에서 세계적 멸종위기 동식물의 보호 등 환경안보의 관점에서 접근해야 하며, 남북 간 DMZ · 접경지역을 연계한 '교류 · 협력의 지속가능성' 원칙이 확대 적용되도록 한다.

셋째, '현실성(practicality)' 의 원칙이다. 이는 남북한 간 실현 가능성이 있는 의제를 통해 협력하는 것이다. 과거 추진되었던 DMZ · 접경지역 정책방안, 가령 'DMZ 내에 평화시 건설' 을 비롯한 다양한 정책들은 단지 발상 수준을 넘어서지 못했다. 지속가능성이 고려되지도 않았고, 실현 가능성도 없을 뿐만 아니라 하향식 정책으로서 국민적 동의에 기초하지도 않았다. 특히 정책 실현을 위해 매우 기본적 사항인 유엔사령부와의 협의조차 이뤄지지 않았다. 이는 군사정전협정 이후 유엔사령부는 DMZ 남측 지대에 대한 '관할권(jurisdiction)' 을 줄곧 주장해 오고 있기 때문이다. 이에 DMZ 관할권이 한국에 귀속되지 않은 상태에서 정부는 유엔사령부와 DMZ에서의 남북 간 비군사적 교류 · 협력사업에 대해서는 한국이 '포괄적 관리권(comprehensive administration)' 을 갖도록 하는데 합의를 해야 한다.

그러면, 'DMZ 네트워크' 는 어떻게 구성하는 것이 마땅한가? 우선, 구성 방식에 따라 두 개의 방안을 구상할 수 있다. 하나는, '4자 거버넌스' 로 중앙정부–광역지방정부–기초지방정부–민간(학술단체, NGO)이 독립적 행위자로 참여하는 모델이며, 다른 하나는 '3자 거버넌스' 로 중앙정부–지방정부 협의체–민간을 참여 주체로 하는 모델이다. 여기에서 NGO(시민단체)의 참여자격과 관련해서는, 단체의 활동실적, 회비납부 회원 수, 상근활동가 수 등을 종합적으로 고려하여 별도의 기준을 정하는 것이 필요하다. 2019년 4월 광역지방정부(경기, 인천, 강원) 및 기초지방정부(15개)가 '접경지역 균형발전 공동연구위원회' 를 발족한 바 있다. 이는 접경지역 지방정부의 협력적 거버넌스 구축 노력이 시작된 것으로 볼 수 있다. 다만, 중앙정부의 참여는 필수적이다. DMZ 관할권/관리권 문제 등에 대해 중앙정부가 일차적 권한을 지니고 있기 때문이다.

첫째, 4자 거버넌스의 수립은 다음과 같다. 중앙정부(관련 부처)–광역지방정부–기초지방정부–시민단체의 대표가 독립적 행위자로 구성하는 거버넌스 체제이다. 이 방안은 국민의 참여 폭이 넓어 민주적 원리를 충실히 반영하는 장점이 있으나, 광역 · 기초정부 간 중복 문제를 지니고 있다.

둘째, 3자 거버넌스의 수립이다. 중앙정부(관계부처)–광역지방정부(경기, 강원, 인천 외의 광역단체)—기초지방정부(15개 접경지역 기초지방정부 외의 기초지방정부)—시민단체 간 거버넌스이다. 즉, 지방정부는 각각의 광역지방정부가 중심이 되고, 산하 기초지방정부와의 협의체를 이뤄 행위자로 참여한다. 가령 경기도의 경우, 경기도가 주도하는 협의체를 구성하며 협의체 내에 포천, 연천, 파주 등 기초지방정부가 참여하는 방식이다. 3자 거버넌스는 4자 거버넌스에 비해 공공영역이 하나로 구성됨으로써 의사결정 등에 있어 효율성을 기할 수 있다는 장점이 있다. 그러나 국민의 참여 폭이 상대적으로 넓지 않다는 점에서는 상대적 단점으로 지적될 수 있다.

한편, 'DMZ네트워크'의 설치는 행위자 층위를 고려하여 3단계로 구성할 수 있다. 〈표 2〉와 같이 'DMZ 네트워크'는 3단계 거버넌스 층위로 구성되며, 국내→남북→국제 층위로 발전하는 '나선형 확산원리(spiral principal)'가 적용되도록 한다. 단계별 구체적 운영 원리는 다음과 같다.

〈표 2〉 'DMZ 네트워크'의 단계별 거버넌스(협업) 구조

단계별	거버넌스 층위	관련 행위자	주요 과제	중심 적용원칙
1단계 (공감대 형성)	국내 거버넌스 (민관 거버넌스)	중앙정부, 지방정부, 시민사회	• DMZ 거버넌스 구축 기반 조성 • 국내 'DMZ 네트워크' 구성 • 의제 발굴 및 체계화	민주성
2단계 (남북대화 추진)	남북한 (남북상설기구)	남북 정부, 지방정부	• '남북접경위원회'(가칭) 구성 • 협력의제 합의 및 실천	현실성
3단계 (남북대화 제도화)	국제 사회 (글로벌 거버넌스)	국제기구, NGO	• '글로벌 DMZ 네크워크' 구성 • DMZ 생태 · 환경, 기억, 평화가치 보호, 촉진, 강화 규범 창출	지속 가능성

* 출처: 필자 작성

1단계에서는 크게 공공영역 거버넌스(중앙 및 지방정부)와 사회적 거버넌스(공공영역 거버넌스, 시민단체)로 구분하여 운영함으로써 거버넌스가 일관성, 다양성을 지니도록 한다. 공공영역에서는 중앙정부와 접경지역에 위치한 광역지방정부(경기, 강원, 인천), 비 접경지역 광역지방정부 간의 기능과 역할이 조화되도록 하며, 공공영역 거버넌스는 수렴 의제의 실천적 조치를 수행한다. 사회적 거버넌스는 공공영역 거버넌스와 국

내 시민단체를 망라한 거버넌스로서 접경지역 관련 의제를 발굴하고, 이에 대한 숙의 기능을 수행한다.

2단계에서는 남북 정부 간 대화가 추진되는 단계에서 DMZ · 접경지역 관련 협력 의제를 논의할 '남북접경위원회' 구성을 추진하며, 위원회 구성은 중앙정부 주도, 접경지역 지방정부 대표를 포함한 남북 동수로 구성한다. '남북접경위원회'는 DMZ · 접경지역의 생태 · 환경 및 문화유산 가치에 대한 상호 이해를 통해 DMZ의 보전과 협력을 수행하는 남북 상설기구로 제도화한다. 국회는 2013년 12월 31일 남북한이 접경지역 공동관리를 위해 '접경지역 남북공동관리위원회' 구성에 노력할 것을 요구하는「접경지역 남북공동관리위원회 구성 촉구 결의안」을 본회의에서 의결한 바 있다. 그리고 2014년 1월 15일, 통일부는 이 결의안을 북측에 전달하였다. '남북 접경위원회'가 구성될 경우, 상징적 조치로 남북 공동으로 DMZ를 유네스코세계유산('복합유산') 등재를 추진한다.

3단계에서는 국제기구, DMZ · 접경지역, 생태 · 환경, 기억, 평화 분야 관련 전문가 및 활동가의 관심과 참여를 유도하고, DMZ · 접경지역을 '접경보호지역(TBPA: Transboundary Protected Areas)', '접경보전지역(TFCA: Transfrontier Conservation Areas)'으로 국제적 위상을 제고시켜 나간다. 국제 사회 거버넌스는 DMZ의 국제적 관심을 적극적으로 유도하고, 세계의 전문가 · 활동가의 연구 · 행동을 촉진한다.

IV. 결론

2020년은 독일 통일 30년이 되는 해이며, 동시에 한국전쟁 발발 70주년이 되는 해이다. 동서독은 1972년「동서독 기본조약」체결 이후 동서독 공유하천인 엘베강 오염 문제를 해결하기 위해 '동서독접경위원회(Deutsch-Deutsche Grenzkommission)'를 설치하여 운영하였다. 엘베강 수질오염 문제는 서독이 엘베강 동독 유역에 대한 오염방제 실시로부터 시작해 점차 협력영역을 확장해 나갔다 즉, 나선형 원리에 따른 협력의 확산이 이뤄진 것이다. 특히 '남북접경위원회'는 북미관계의 전개 상황과 무관하게 추진될 수 있는 것으로 남북한의 공익에 바탕을 두고 미래지향적 협력의 제도화라는 점에 의미가 있다. '남북접경위원회'의 우선적 협력의제는 공유하천을 중심으로 환경 · 생태(수질 · 동식물), 재해 · 재난(홍수, 산불), 보건의료(감염병) 분야 협력이다.

이러한 협력이 효율적으로 추진되기 위해서는 다중심성과 자율성, 협력을 바탕으로 한 협력 거버넌스 수립이 요구된다. 즉, 중앙 및 지방정부, 민간영역(전문가 및 활동가)이 함께 참여하는 거버넌스의 형식으로 'DMZ 네트워크'를 상정할 수 있다. DMZ는 환경 · 생태, 기억, 평화의 가치사슬로 이어져 있다. 'DMZ 네트워크'는 이러한 가치영역에 따라 이뤄진 참여자들의 활동이 국내 및 국제적 네트워크로 기능할 수 있도록 해야 한다.

이를 위해서는 첫째, DMZ에 대한 우리의 법적 규범력을 현실화해 나가야 한다. 즉, DMZ 남측 지대에 대한 '관할권'의 한국화를 목표로 유엔사령부로부터 '포괄적 관리권'을 확보해야 한다. 둘째, DMZ에 대한 우리의 관할권을 애매하게 규정하고 있는 법조항을 정비해야 한다. 「자연환경보전법」 2조 제13호는 "자연유보지역이라 함은 사람의 접근이 사실상 불가능하여 생태계의 훼손이 방지되고 있는 지역 중 군사상의 목적으로 이용되는 외에는 특별한 용도로 사용되지 아니하는 무인도로서 대통령령이 정하는 지역과 관할권이 대한민국에 속하는 날부터 2년간의 비무장지대를 말한다"고 규정하고 있다. 이에 동 조항은 삭제할 필요가 있다. 셋째, DMZ 일원의 자원 관리를 위한 글로벌 거버넌스 구축과 실행 기반을 마련해야 한다. 특히 DMZ 일원의 평화, 생태, 기억 자원과 관련한 연구자 및 활동가 네트워크를 통해 보훈 가치의 글로벌화를 도모할 필요가 있다.

[참고문헌]

국가보훈처, 2019, 『2019 3월말 기준 참전유공자(지역포함) 및 고엽제 현황』.

국가보훈처, "국가보훈처 소개: 비전." 〈https://www.mpva.go.kr/mpva/intro/vision.do〉(검색일: 2020.10.27).

『국가유공자 등 예우 및 지원에 관한 법률』, 개정 2019.4.30., 법률 제16426호.

김가영, 이선, 2016, "세계유산으로 등재된 기억유산의 등재기준에 관한 연구." 「문화재」제49권 제4호.
김의영, 2016. "동아시아 거버넌스에 대한 문헌 연구." 「한국과 국제정치」 제22권 3호.
김태열, 2015. "국가보훈의료전달 체계의 개선과 인천보훈병원 개원 시 병원 특성화센터 추진방안 연구." 『한국보훈학회 학술대회지』.
로버트 D. 퍼트남 저, 안청시 외 역, 2000. 『사회적 자본과 민주주의』. 서울: 박영사.
박영민, 2018. "DMZ 군사충돌 사례와 요인 연구." 「공공정책과 국정관리」제11권 제4호.
신미애 · 박영민, 2018. "보훈의식 함양을 위한 시민단체 · 지방자치단체의 역할 제고 방안 연구." 『한국보훈논총』 17(2).
이명석, 2018. 『거버넌스 신드롬』. 서울: 성균관대학교 출판부.
임성학 · 서창록 · 민병원 · 전재성, 2008. 『한반도평화 · 번영 거버넌스의 활성화를 위한 이론적 논의와 개념적 틀』. 서울: 통일연구원.
자크 데리다, 남수인 역. 2004. 『환대에 대하여』. 서울: 동문선, 2004.
정근식, 2018. "냉전 분단 경관과 평화: 군사분계선 표지판과 철책을 중심으로," 「황해문화」.
정철호 · 권영복, 2019. "독립유공자제도의 보호대상 요건과 범위의 문제점 및 개선방안." 『한국보훈논총』 18(4).
한모니까, 2019. "1960년대 비무장지대(DMZ)의 무장화 과정과 배경." 사학연구」제135호.

Foka, Zinova. 2015. "Shared Space in Conflict Areas: Exploring the case of Nicosia's Buffer Zone," *Athens Journal of Mediterranean Studies*, Vol. 1, Issue.
Galtung, Johan. 1982. *Environment, Development and Military Activity: Towards Alternative Security Doctrines*. Oslo: Universitatsforlaget.
Sørensen, Eva. 2006. "Metagovernance: The Changing Role of Politicians in Processes of Democratic Governance," *The American Review of Public Administration*, Volume: 36 issue 1.

대진대 DMZ 연구총서 2

제4장
평화를 위한 접경지역 거버넌스

김효은 _ DMZ연구원

제1절 접경지역의 위상과 정책 변화

접경지역지원특별법 제2조(정의) 1호에서 "접경지역"이란 1953년 7월 27일 체결된 「군사정전에 관한 협정」에 따라 설치된 비무장지대 또는 해상의 북방한계선과 잇닿아 있는 시 · 군과 「군사기지 및 군사시설 보호법」 제2조제7호에 따른 민간인통제선(이하 "민간인통제선"이라 한다) 이남(以南)의 지역 중 민간인통제선과의 거리 및 지리적 여건 등을 기준으로 하여 대통령령으로 정하는 시 · 군을 말한다. 다만, 비무장지대는 제외하되 비무장지대 내 집단취락지역은 접경지역으로 본다고 규정한다.

〈표 1〉「접경지역 지원 특별법」에 의한 접경지역(접경지역지원특별법 시행령 제2조)

1	비무장지대 또는 해상의 북방한계선과 잇닿아 있는 시군	1. 인천광역시: 강화군, 옹진군 2. 경기도: 김포시, 파주시, 연천군 3. 강원도: 철원군, 화천군, 양구군, 인제군, 고성군
2	민간인 통제선 이남 지역 중 민통선과의 거리 및 지리적여건 등을 기준으로 정하는 시군	1. 경기도: 고양시, 양주시, 동두천시, 포천시 2. 강원도: 춘천시
3	비무장지대 내 집단취락지역	경기도 파주시 군내면의 집단취락지역

* 출처: 행전안전부 사이트(디엠지기, www.dmz.or.kr)

접경지역은 한반도 분단으로 발생한 지역이다. 한반도 중심지역이었기에 일찍이 교류와 다툼의 지역이었고, 한국전쟁 때는 가장 치열한 격전지였다. 국가안보를 위한 각종 규제로 발전이 뒤떨어지고 주거는 불안정하다. 그래서 발전에 대한 욕구가 크지만 한편으로 생태계 보전의 의무를 요구받고 있다. 안보 책임지이면서도 남북교류협력의 핵심지대로의 역할을 수행해야 하는 다중적 위상을 갖고 있다

접경지역은 여러 가지 규제를 동시에 받고 있는 중첩규제지역이다. 대표적으로 「군사기지 및 군사시설 보호법」, 「수도권정비계획법」을 들 수 있다. 접경지역 발전과 관련해서는 「접경지역 지원 특별법」이 있다.

접경지역 정책은 남북관계 등에 따라 시대별로 변화를 겪었다. 90년대 탈냉전 이후 남북화해협력 분위기가 본격화된 2000년대부터 접경지역의 발전과 DMZ를 비롯한 주

변지역에 대한 생태·환경 분야에 관심이 높아졌다. 「접경지역지원법」이 특별법으로 강화되고 한반도 긴장완화와 평화정착을 위해 비무장지대에 대한 관심도 증대됐다. 비무장지대에 대한 평화적 이용방안, 즉 DMZ 생태·평화공원 조성, 세계평화공원 조성, 국제평화지대화 등이 중요한 국정과제로 등장하였고 부처별 후속계획이 이어졌다.

DMZ 평화적 이용 구상과 제안은 40년 이상 지속되어온 과제이다. 국제정치 및 남북관계 상황에 따라 정책구상에도 많은 변화가 있었다.[1]

비무장지대에 대한 관심은 학술연구의 양적 증가로도 나타났다. 박은진(2018)은 비

〈표 2〉 비무장지대 환경에 따른 정책 구상 변화

시기	국제·남북 등 정치 상황에 따른 정책 방향	주요 제안 및 정책
정전협정~ 1960년대 말	비무장지대의 요새화	1971년 유엔사는 북측에 '비무장지대의 평화적 이용방안' 제안
70년대~80년대	세계적 데탕트 속에서 비무장화 논의 시작	1982.2. 정부가 북측에 제안한 '민족화합 20개항 시범실천사업' 중 7개 사업 관련
80년대말~ 90년대 중반	평화적 이용에 대한 초보적 합의	1988.10. 노태우 대통령 UN 총회 연설, 이산가족 면회소, '평화시' 건설 제의 1991년 남북기본합의서 제12조, 군사적 신뢰구축의 일환으로 평화적 이용 합의 1993년 김영삼 대통령 DMZ의 자연공원화 제의
90년대말~ 2000년대 중반	남북교류활성화로 비무장지대의 위상변화 기대 확산	2001년 김대중 대통령, 접경생물권보전 지역 추진 검토 지시 2007년 남북장관급회담을 통해 생태계·환경 및 역사유적 공동조사·연구와 평화지대화 등 논의
2000년대 후반~ 2010년대 중반	남북경색 속 활용 구상은 지속–생태·평화 중심	2008년 DMZ 일원 '생태·평화공원 조성' 이 국정과제로 선정 2013.5. 박근혜 대통령 미 상·하원 합동연설, '세계평화공원 조성 구상
2010년대 후반~ 현재	관계 개선 기대 속 국제협력 의지	2019.9. 문재인 대통령 UN 총회 연설, '국제평화지대화' 제안

* 출처: 환경부, 『DMZ 일원 생태계 보전 종합대책 수립 연구』(2019), pp.26-27, 최준영 외, 『세계평화공원 조성을 위한 과제』(2013), 국회입법조사처, p.2를 바탕으로 재구성

무장지대, DMZ, 민통선, 접경지역을 키워드로 검색하여 정전 이후 2017년까지 65년에 걸쳐 출판된 국내학술자료 919건을 조사하였다. 1953년부터 87년까지 자료는 전체 3%에 불과한 반면 87년 이후 연구가 폭발적으로 늘었다. 주제에서의 변화도 눈에 띈다. 초기에는 비무장지대 일원의 야생동물 및 서식지에 대한 기초 조사가 많았으나 점차 남북협력, 관광, 지역 개발, 환경 등 다양한 주제로 확대되었다. 초기에는 환경, 안보, 인문·역사의 비중이 컸으나, 90년대 후반부터 접경지역 개발, 관광, 교류협력 등 연구 폭도 넓어지고 있다.[2)]

DMZ에 대한 관심은 중앙정부 차원에서도 중요하게 다루어지고 구체적인 정책으로 나타났다. 2008년 이명박 정부는 'DMZ 생태·평화공원 조성'과 '비무장지대의 평화적 이용'을 국정과제로 선정하였다. 이에 부처별로 행정안전부는 '남북교류 접경권 초광역 개발 구상'(2009년 12월), '접경지역 발전종합계획'(2011년 7월), 환경부는 'DMZ 생태평화공원 조성 기본 계획'(2009년 12월), 문화체육관광부는 '평화·생명지대(PLZ) 광역 관광개발계획'(2009년 10월) 등을 수립했다. 국가경쟁력강화위원회는 '한반도 생태·평화벨트 조성방안'(2010년 3월)을 제안하고 2011년 관계부처 합동으로 '한반도 생태평화벨트 조성사업 마스터플랜'을 수립했다.[3)]

2013년 박근혜 정부는 대북정책으로 '한반도 신뢰프로세스'를 내세우고 상징사업으로 '세계평화공원' 구상을 밝혔다. 이는 비무장지대 내의 일부 공간을 지정하여 세계평화공원을 조성하고, 이를 남북한 주민과 세계인에게 개방하여 평화적으로 이용하게 하려는 계획이다. 남-북-유엔 등 국제기구의 협력을 토대로 추진하며, 공원 입지는 남북을 포함한 비무장지대 안이다. 자연환경을 보전하며 조성하고, 남북 주민은 물론 세계인에게도 개방한다는 정책방향을 설정했다.[4)]

---

1) DMZ를 비롯한 접경지역 정책은 남북관계와 정부정책 방향에 영향을 받으므로 남북관계가 좋을 때는 DMZ 보전 및 이용 구상이 활발하다가 경색되면 동력이 주춤해지는 등 연속성을 유지하기가 어렵다. 특히 DMZ 안에서 이뤄지는 정책은 남북은 물론 유엔사까지 관계가 복잡하다. DMZ 관련 생태조사나 연구도 실제 비무장지대 내를 조사하기보다 넓게 DMZ 인근에 대한 조사가 다수다.

2) 박은진, 여인애, "한반도 비무장지대 일원 정책과 연구의 변화 및 시사점,"「환경정책」 26(2), (2018). pp.19-45.

3) 문화체육관광부, 『한반도 생태평화벨트 조성사업 중간평가 연구』(2016), p.3.

4) 2013년 5월 8일 미 상·하원 합동연설에서 처음 발표한 후 8.15 광복절 경축사에서 북에 제안했다. 정책 추진을 위해 통일부에 전담조직(DMZ 세계평화공원기획단)을 설치하고 2014년 예산 302억원을 남북협력기금에 반영하였다. 통일부, 『2014년 통일백서』(2014), pp.41-47.

2017년 문재인 정부는 한반도 정책 3대 목표 중 하나인 '한반도 신경제공동체 구현'의 핵심으로 '한반도 신경제지도' 구상을 제시했다. 한반도 신경제지도 구상은 환동해권, 환서해권, 접경지역 3대 권역별 계획과 남북 '하나의 시장' 협력 계획으로 구성된다. 접경지역 경제벨트는 DMZ 생태평화안보관광지구, 통일경제특구를 연결하는 환경 · 관광벨트이다.[5] 2019년 9월에는 유엔총회 연설에서 국제평화지대화를 제안했다. 남북한 공동의 DMZ 세계유산 등재, 개성-판문점 지역의 평화협력지구 지정, DMZ에 유엔기구 유치, 매설된 지뢰의 제거를 위한 국제사회의 협력을 요청했다. 국제사회의 보장을 통해 DMZ를 평화지대로 전환함으로써 북한의 안전을 보장하고 한반도의 항구적 평화를 정착시키며 한반도와 동아시아의 경제협력 가속화도 기대하고 있다.[6]

제2절 접경지역 법, 제도, 정책

1. 접경지역 관련 법률

접경지역 관련 법률은 연구자들의 관점에 따라 규제법률과 지원법률로 나눌 수 있다. 규제법으로는 「수도권정비계획법, 군사기지 및 군사시설 보호법, 자연환경보전법, 국토의 이용 및 계획에 관한법률, 문화재보호법」 등을 들 수 있고 지원에 관한 법률로는 「접경지역지원특별법, 국가균형발전특별법, 지역 개발 및 지원에 관한 법률, 주한미군 공여구역 주변지역 등 지원특별법, 남북관계발전에 관한 법률」 등이 있다.[7]

「군사기지 및 군사시설 보호법」

군사기지 및 군사시설을 보호하고 군사작전을 원활히 수행하기 위하여 필요한 사항을 규정함으로써 국가안전보장에 이바지함을 목적으로 한다. (제1조) 군사기지 및 군사시설의 보호, 군사작전의 원활한 수행 및 군용항공기의 비행안전을 위해 보호구역을 설정하고

5) 통일부, 『2020 통일문제 이해』(2020), p.160.
6) 조한범, 『DMZ 국제평화지대화의 의의와 추진방안』(2019), pp.1-3, 통일연구원(2019 온라인시리즈)
7) 한국법제연구원, 『남북접경지역 발전방안 법제연구』(2020), p.57.

행위의 제한을 명시하고 있다. 보호구역은 군사기지 및 군사시설을 보호하고 군사작전을 원활히 수행하기 위하여 국방부장관이 지정하는 구역으로 통제보호구역과 제한보호구역으로 구분된다(동법 제2조).[8)]

토지이용에 있어서 토지전용(용도변경, 토지개간, 지목변경), 토지매수 청구, 지형의 변경, 해운의 영위 등에 있어 사유재산권 행사에 제한을 받는다. 이용 가능한 경우에도 대통령령 또는 조례로 정하는 시설에 한하여 부분적으로 허용하거나 협의를 필요로 한다.

「수도권정비계획법」

수도권 정비에 관한 종합적인 계획의 수립과 시행에 필요한 사항을 정함으로써 수도권에 과도하게 집중된 인구와 산업을 적정하게 배치하도록 유도하여 수도권을 질서 있게 정비하고 균형 있게 발전시키는 것을 목적으로 한다.(제1조) 수도권을 과밀억제권역, 성장관리권역, 자연보전권역으로 구분하고 각 권역에서 행위를 제한하고 있다. 수도권정비계획법 시행령 제2조(수도권에 포함되는 서울특별시 주변 지역의 범위)에서 인천광역시와 경기도를 명시함으로써 수도권은 서울, 경기, 인천을 포함한다.

「국가균형발전 특별법」

지역 간의 불균형을 해소하고, 지역의 특성에 맞는 자립적 발전을 통하여 국민생활의 균등한 향상과 국가균형발전에 이바지함을 목적으로 한다.(제1조) 이 법은 남북의 분단상황 또는 지리적 · 사회적으로 불리한 환경에 놓이게 되어 일정기간 동안 관계 중앙행정기관에 의한 행정지원 등 특수한 지원 조치가 필요한 지역으로 "특수상황지역"[9)]을 명시하고 있는데 접경지역이 이에 해당한다.

---

8) 통제보호구역은 보호구역 중 고도의 군사활동 보장이 요구되는 군사분계선의 인접지역과 중요한 군사기지 및 군사시설의 기능보전이 요구되는 구역이며 제한보호구역은 보호구역 중 군사작전의 원활한 수행을 위하여 필요한 지역과 군사기지 및 군사시설의 보호 또는 지역주민의 안전이 요구되는 구역이다.

9) 가. 「접경지역 지원 특별법」 제2조제1호에 따른 접경지역, 나. 「도서개발 촉진법」 제4조제1항에 따른 개발대상도서. 다만, 성장촉진지역에 해당하는 도서는 제외한다. 다. 「새만금사업 추진 및 지원에 관한 특별법」 제2조제1호에 따른 새만금사업지역, 라. 그 밖에 가목부터 다목까지의 규정에 따른 지역에 준하는 지역으로서 대통령령으로 정하는 지역

2. 접경지역 지원 특별법과 접경지역발전 종합계획

접경지역 지원 특별법은 "남북 분단으로 낙후된 접경지역의 지속가능한 발전에 필요한 사항을 규정하여 새로운 성장 동력을 창출하고 주민의 복지향상을 지원하며, 자연환경의 체계적인 보전 · 관리를 통하여 국가의 경쟁력 강화와 균형발전에 이바지하는 것을 목적" 으로 제정되었다.

접경지역 지원 특별법은 2000년 1월 '접경지역지원법' 으로 시작했고 그 법에 따라 2001년 7월 '접경지역 발전종합계획' 이 수립되었다. 접경을 지원하는 법이 생김에 따라 접경지역 발전은 물론 DMZ 인근에 대한 활용과 개발에 대한 기대감이 커졌다. 2011년 4월에는 접경지역지원법이 접경지역 지원 특별법으로 격상되어 접경지역에 대한 종합적이고 체계적인 지원을 위해 11개 부처가 참여하는 접경지역 발전종합계획을 수립하기 시작했다.

접경지역 지원 특별법은 접경지역과 관련한 모든 분야의 인프라, 생활개선, 고용까지 전 분야에 걸쳐 지원할 수 있는 종합백화점식 법률이다. 접경지역 발전종합계획의 수립(제2장), 접경지역정책심의위원회의 설치(제3장), 접경지역에서의 개발사업에 관한 사항(제4장), 접경지역 발전을 위한 국가 등의 지원방안 등을 규정하고 있다. 접경특화발전지구 지정 · 운영(제17조), 기업 등에 대한 지원(제20조), 사회간접자본 지원(제21조), 민자유치사업의 지원(제22조), 사회복지 및 통일교육 지원(제23조), 교육 · 문화 · 관광시설에 대한 지원(제24조), 농림 · 해양 · 수산업 지원(제25조), 지역 주민의 고용 및 지원(제26조) 등으로 이루어져 있다.

그러나 제3조의 단서조항이 접경지역 지원 특별법을 제약하고 있다. 제3조(다른 법률과의 관계) '이 법은 접경지역의 이용 · 개발과 보전에 관하여 다른 법률에 우선하여 적용한다. 다만, 「국토기본법」, 「수도권정비계획법」과 「군사기지 및 군사시설 보호법」은 그러하지 아니하다' 라고 규정하고 있다.

국토기본법과 수도권정비계획법, 군사기지 및 군사시설 보호법이 우선 적용됨으로써 접경지역 지원 특별법은 낙후지역에 대한 지원법으로서 많은 제약을 받게 된다. DMZ와 면한 연천군, 파주시, 김포시는 군사시설보호구역이 차지하는 비중이 매우 높아 법 적용을 통한 지원에 한계가 있다.[10] 수도권 북부 접경지역은 군사기지 및 군사시설보호법에 의한 군사시설보호구역 이외에도 수도권정비계획법에 따른 과밀억제권역(고양시)과 성장관리권역(옹진군, 강화군, 김포시, 동두천시, 파주시, 양주시, 포천시, 연천군)으로 지정되어 중복 규제를 받고 있다.

'한반도 중심의 생태 · 평화벨트 육성' 이라는 부제를 단 접경지역 발전종합계획은 접경지역 지원 특별법 제5조에 근거한 법정계획으로 각종 규제로 지역개발이 정체된 접경지역의 지속가능한 성장기반 마련과 주민 삶의 질 제고를 위해 2011년부터 수립하고 있다. 사업의 계획기간은 2030년까지 20년이며 목표연도인 2030년을 기준으로 중 · 단기로 구분하여 단기계획은 2011년부터 2020년까지 장기계획은 2021년부터 2030년까지 수립한다.[11]

시 · 도지사는 시 · 도 발전계획안을 작성하고, 행정안전부장관이 발전종합계획안을 수립하면 관계부처 협의를 거쳐 접경지역정책심의위원회에서 심의 · 확정한다. 접경지

〈표 3〉 접경초광역권의 비전과 목표

* 출처: 행정안전부,『접경지역발전 종합계획』(2011), p.30.

10) 군사시설보호구역이 차지하는 비중, 연천 94.26%, 파주 88.65%, 김포 71.87%(2020.4 기준)
11) 행정안전부,『접경지역 발전종합계획』(2011), p.2.

역의 종합 발전을 위해 정부부처와 관련 시 · 도가 공동으로 참여하여 환경보전 · 산업 · 관광 · 기반시설 등 종합적인 장기 발전계획을 수립한다. 청정생태자원의 보존과 활용, 남북교류 및 국제평화 거점 구축, 통일시대 새로운 성장동력 육성을 목표로 인천, 경기, 강원 등 3개 시 · 도를 대상으로 5대 전략 165개의 지역개발사업이 포함되어 있다. 예산은 민자를 포함하여 총 18.8조원을 투자한다는 계획이다.

2011년부터 2019년까지의 실적을 살펴보면 9년간 약 3조원을 투자하여 관광자원 개발, 산업단지 조성, 교통기반(인프라)확충 등 접경지역 발전과 소득증대에 기여했다.[12)]

3. 중앙정부 접경지역 법규와 추진사업

(1) 행정안전부

서해 접경지역인 서해 5도를 지원하기 위한 '서해 5도 지원 특별법' 은 남북 분단과 지리적 여건으로 북한의 군사적 위협으로 피해를 입고 있는 서해 5도의 생산 · 소득 및 생활기반시설의 정비 · 확충을 통하여 정주여건(定住與件)을 개선함으로써 지역주민의 소득증대와 생활안정 및 복지향상을 도모함을 목적으로 한다(제1조). 이 법은 북한의 연평도 포격사건(2010.11.23.) 이후 서해 5도의 위험성과 열악한 주민생활여건이 부각됨에 따라 제정되었다.

서해 5도 종합발전계획은 '연평도 포격도발 피해복구 및 서해 5도 발전대책' 발표(2010.12.6.) 및 「서해 5도 지원 특별법」(2010.12.27.) 제54조에 근거해 2011년 수립되었다. 목적은 쾌적한 주거환경을 조성하고, 주민대피시설 확충 · 정비, 특산품관광자원 · 안보교육 등 특화자원을 활용하여 생산, 소득, 일자리 기반을 강화하고, 국제교류 및 해양평화 거점기능을 육성하여 군사적 긴장완화와 통일기반을 구축하는 것이다. 2020년 종료 예정이었으나 5년 연장하면서 주민 정주여건 개선, 안전 · 편의시설 확충, 일자리 · 소득 기반 마련 등에 초점을 맞추고 사업 전반을 재편하였다.

2009년에는 국가균형발전 특별법에 근거하여 '남북교류 · 접경권 초광역 개발 기본구상' 을 발표하였다. DMZ를 세계적인 "생태 · 평화벨트(Eco-Peace Belt)" 로 조성한다

12) 행정안전부 보도자료, "각종 규제에 가로막힌 접경지역 발전에 올해 2,160억원 투자, 행안부, 「접경지역 발전종합계획 2020년도 사업계획」 확정," (2020.2.24.)

는 목표로 비무장지대(DMZ) 주변의 일정지역을 하나의 초광역권으로 설정하고, 생태자원의 우수성과 DMZ가 가지고 있는 평화의 상징성, 양호한 접근성 등 생태·평화·경제적 잠재력을 활용하여 DMZ 일원을 세계적인 생태·평화의 상징공간으로 육성한다는 것이다. 접경 초광역개발은 생태환경 보전과 이용, 평화누리길 등 녹색산업 위주로 추진하면서, 남북관계 진전에 따라 교류협력단지 조성 등 단계적으로 확대 추진할 계획이라고 밝혔다.[13)]

(2) 통일부

국정과제 책임수행 부처로서 한반도 평화 프로세스 추진과 이를 위한 평화경제 전략의 이행 계획을 수립하고 구체적 과제를 발굴하고 있다. '한반도 신경제지도 구상'에 따른 접경지역 생태평화벨트 구축 방안 구체화 및 이행을 추진 중이다. '비무장지대 국제평화지대화 추진'을 위해 역사·문화·환경·생태 실태조사와 기초연구, 시범사업 등 후속조치를 추진하고 있다.

통일부는 2021년 주요업무 추진계획에서 비무장지대(DMZ) 국제평화지대화 추진과 접경지역 평화 증진을 5대 핵심 과제 중 하나로 설정했다. 비무장지대의 평화적 이용을 위한 사업 수행 및 남북 접경 협력을 본격화하겠다는 것이다. 먼저 비무장지대 남북지역 문화·산림·환경 협력 등을 모색하고 우선 남측 지역 실태조사 등 추진 가능한 사업부터 실시한다는 계획이다. 「판문점-개성 평화협력지구」 구상을 구체화하고 DMZ 유네스코 세계유산 등재도 추진한다. 국민들의 통일의지를 높이고 평화 공감대를 형성하기 위해 판문점 견학을 확대하고 비무장지대 및 접경지역 걷기도 활성화하며, 파주와 고성에 있는 동·서 남북출입사무소를 '평화통일 문화공간'으로 조성할 계획이다. 이를 위해서는 무엇보다 접경지역 관련법·제도화가 선행되어야 한다. DMZ, 한강하구, 서해5도 등의 평화적 이용 확대 및 지역 경제 활성화 관련 실태조사 및 입법 노력 지원을 밝힌 점이 눈에 띈다.[14)]

2018년 남북정상의 합의에 따라 DMZ 내 GP를 시범 철수하고 2019년 'DMZ 평화의

13) 구체적으로 (1) DMZ 생태관광벨트 육성 (2) 세계 평화협력의 상징공간 조성 (3) 동서-남북간 교통인프라 구축 (4) 남북한 교류협력지구 조성 (5) 저탄소 녹색성장지역 조성 등이다. 행정안전부 보도자료, "DMZ를 세계적인 "생태·평화벨트(Eco-Peace Belt)"로 조성-행정안전부, '남북교류·접경권 초광역개발 기본구상' 마련-," (2009.12.1.)

14) 통일부, 『2021 통일부 주요업무 추진계획』(2021), p.3.

길' 을 개방했다. 국민들이 철책선을 따라 북한지역을 관망하거나 남북공동 유해발굴 현장 등을 직접 보면서 평화를 체감할 수 있도록 했다. 평화의 길 운영부처는 행정안전부이지만 5개 부처(통일부, 국방부, 행안부, 문화체육관광부, 환경부)와 접경지역 지자체, 유관기관 간 협력체계를 구축해 운영하고 있다.[15)]

〈표 4〉 남북 · 통일 및 접경지역 관련 법률

구분	법률명	제정일시	소관부처	비고
남북관계 및 통일관련 법률	남북관계 발전에 관한 법률	2005.12.29.	통일부	남북관계발전기본계획
	남북교류협력에 관한 법률	1990.08.01.	통일부	–
	남북협력기금법	1990.08.01.	통일부	–
	통일교육 지원법	1999.02.05.	통일부	통일교육기본계획
공간 관련 법률	접경지역 지원 특별법	2000.01.21.	행정안전부	접경지역발전종합계획
	서해 5도 지원 특별법	2010.12.27	행정안전부	서해 5도종합발전계획

* 출처: 인천연구원, 『남북 평화지대 평화도시 인천 비전 및 전략연구』(2019), p.71.

(3) 환경부

환경부는 DMZ 일원의 생태계 훼손을 방지하고 지속가능한 이용방안을 모색하는 데 중점을 둬 왔다. 비무장지대 일원 생태계 보전대책을 수립하고 가치를 훼손하지 않는 범위 내에서 생태관광 활성화 등 개발과 이용이 친환경적으로 이루어질 수 있도록 역점을 두고 있다.

「환경정책기본법」 제14조에 근거하여 제4차 국가환경종합계획(2016~2035)을 수립, 향후 20년간 국가 환경정책의 비전과 장기전략을 제시하였다. 비무장지대(DMZ)의 생태가치를 높이는 자연자원 관리를 강화하고, 남북 접경지역에서는 주기적 생태계 조사, DMZ 세계 생태평화공원 지정(남북관계 여건고려) 및 접경보전지역, 이동성 조류 보호 등 국제기구 협력사업을 추진한다.[16)] '한반도 환경공동체 실현' 을 과제로 설정하고 가칭) '한반도 환경보전 프로젝트' 추진 계획도 담고 있다. 북한 환경인프라 진단, 인프라

15) 통일부, 『2020년 통일백서』(2020), pp.85-86.
16) 환경부, 『제4차 국가환경종합계획』(2015) p.57.

건설 및 인적자원 관리기반 구축 계획 수립, 산림, 하천 등 주요 생태계의 복원 및 남북 생태네트워크 구축을 위한 사업계획 수립 및 단계적 추진, 북한지역을 포함한 기후변화 대응, 한반도 자연재해 예방 · 응급대응 시스템 구축 등이다.[17]

또한 환경부는 비무장지대 유네스코 접경생물권보전지역 지정을 2000년대 초반부터 추진하였다. 2012년 경기도, 강원도와 함께 신청하였으나 기준을 완성하지 못해 유보되었다가 2019년 6월 강원도 접경지역 5개 군과 경기도 연천군 전역이 등재되었다.[18]

(4) 문화체육관광부

「관광진흥법」 제49조에 근거하여 제3차 관광개발기본계획(2012~2021)을 수립하였다. 국가 관광개발의 비전 및 미래상을 제시하고, 관광자원보호 · 개발 · 이용 · 관리에 관한 효율적 추진전략 제시 및 국민 삶의 질 향상과 지역 성장을 목적으로 수립하는 3차 관광개발기본계획은 관광권역을 크게 광역관광권과 초광역관광벨트로 나눈다. 그 중 접경지역 관광벨트는 남북접경지역을 중심으로 '한반도 평화생태 관광벨트' 를 조성한다는 계획이다.[19]

2009년에는 평화생명지대(Peace & Life Zone) 관광개발계획을 수립했다. DMZ를 개방적이며 긍정적인 이미지의 평화생명지대로 설정하고 생태 및 역사문화자원을 발굴하고 관광자원화하는 사업이다. 지역마다 독특한 주제를 부여하고 콘텐츠 중심의 관광자원을 만들고 낙후지역 탈피를 위한 연관사업 활성화도 목표로 하고 있다.[20]

'한반도 생태평화벨트 조성사업' 은 2012년 정부계획으로 확정되어 문화체육관광부는 2013년부터 2022년까지 10년간 추진 중에 있다. 관광개발사업은 총 29개이고 광역연계사업은 평화누리길, 세계문화유산 및 지질공원 등재 등이다. 2013년 기존 광역연계사

17) 환경부, 앞의 책, p.136.

18) '강원생태평화 생물권보전지역' 은 철원 · 화천 · 양구 · 인제 · 고성 등 강원도 5개 군의 민통선지역 등 비무장지대에 접한 18만 2,815ha가 해당되며 '연천임진강 생물권보전지역' 은 비무장지대에 접한 연천군 전체 5만 8,412ha가 해당된다(환경부 보도자료, 비무장지대 인접 강원 · 연천, 유네스코 생물권보전지역 지정, 2019.6.19.)

19) 지역문화유산, 생태지역과 민통선 내 마을을 연계한 체류형 관광을 활성화하고, 강화에서 고성까지 총 495km 자전거길을 만들며, DMZ 일원을 유네스코 생물권보전지역으로 지정 · 추진함을 담고 있다. 문화체육관광부, 『제3차 관광개발기본계획(2012~2021)』(2011) p.138.

20) 정재선, "평화생명지대(Peace & Life Zone) 관광개발계획," 「한국관광정책」, 통권 제36호, (2009), pp.56-61. 지역을 4개로 구분하여 주제를 설정하고, 동해안(고성)부터 서해안(강화)까지 횡단코스 545km를 7개 구간으로 나누어 조성하며, 생태자원과 전적지 탐방코스도 연계 추진한다.

업의 효율적 추진을 위해 “한반도 생태평화벨트 문화관광 연계협력사업 활성화 방안”을 마련했다.[21)]

〈표 5〉 정부부처별 DMZ 접경지역 관련 주요 상위계획 현황

부처	관련계획	추진기간	추진과제
환경부	제3차 자연환경보전기본계획	2016~2025	한반도 생태네트워크 구현
			남북 및 동북아 자연환경보전 협력 확대
행안부	접경지역 발전 종합계획 변경계획	2011~2030	생태 · 평화관광 활성화
			생활 SOC 확충 등 정주여건 개선
			균형발전기반구축
			남북 교류협력 기반 조성
국토부	제4차 국토종합계획 수정계획	2011~2022	남북교류협력 기반구축, 접경지역 생태환경 보전
			평화지대 구축 및 남북한 수자원 모니터링 등
문체부	한반도 생태평화벨트 조성사업	2013~2022	DMZ 일원 생태 · 문화공간 조성
			생태 · 문화콘텐츠 발굴
			생태보전과 지역발전 연계
			글로벌상징화 및 홍보마케팅 구축
통일부	한반도 신경제지도 구상 및 경제통일 구현	국정과제	DMZ 환경 · 관광벨트 구축
			남북접경지역 통일경제특구 지정 · 운영
			남북접경지역 평화협력 특별지대 추진여건 조성
산림청	민북지역 산지관리 종합계획	2018~2027	한반도 산줄기 연결망 중심의 보전 관리
			민북지역 훼손지 복구 복원 및 재해관리 강화
			민북지역 주민 소득사업 발굴 및 일자리창출 등

* 출처: 환경부,『DMZ 일원 생태계 종합대책 수립계획』(2019), p.45.

21) 문화체육관광부, 『한반도 생태평화벨트 조성사업 중간평가 연구』(2016) p.3. 한국관광개발연구원.

4. 접경지역 지원 특별법의 한계

접경지역 지원 특별법은 넓은 지역을 대상으로 종합발전계획을 수립・추진하기 위해 여러 부처가 협업하는 구조이다. 접경지역 관련 법령이 다양하고 소관부처가 달라 부처・법률간 조화와 균형을 이루기가 쉽지 않다. 접경지역 지원 특별법과 서해 5도 지원 특별법은 행정안전부가, 국토기본법과 수도권정비계획법은 국토교통부가, 군사기지 및 군사시설 보호법은 국방부 소관이므로 협조와 이해 조정이 필수적이다.

뿐만 아니라 접경지역정책과 관련한 별도의 정부조직은 없다. 행정안전부 1개과(지역균형발전과)에서 담당하고 있을 뿐이다. 접경지역 발전종합계획의 확정 및 접경지역의 발전을 위한 사업의 우선순위 조정 등을 심의하는 접경지역정책심의위원회를 두도록 했는데 2020년 10월 법을 개정하여 위원장이 국무총리에서 행정안전부장관으로 바뀌었다. 2016년 10월에는 법을 개정하여 행정자치부차관을 위원장으로 하는 접경지역정책심의실무위원회를 두도록 하기도 했다.[22]

그마저 접경지역 지원 사업을 평가하는 접경지역심의위원회가 제대로 운영되지 못함에 따라 접경지역 지원 사업이 취소되거나 변경되는 사례가 발생하고 있다. 활성화 및 역할 강화를 통해 각 부처별로 진행되는 예산집행 및 규제 관련 논의를 위원회로 이관하여 체계적인 사업구상을 계획하는 한편 관리 감독 시스템을 일원화하여 해당 규제에 유연하게 대처해야 한다.[23]

이와 대비되는 기구가 국가균형발전위원회와 새만금관리청이다. 국가균형발전특별법에 의해 설립된 국가균형발전위원회는 대통령 소속기구이다. 행정위원회가 아니고 대통령자문기구이지만 실무를 추진하는 상설조직이 있다. 통상의 위원회처럼 당연직 위원, 위촉직 위원, 전문위원으로 구성되고, 국가균형발전추진단에 3국 4실 등에 70여 명의 직원이 근무한다. 정부부처와 지자체 파견인력도 있어서 국가 비전과 지역 실정에

22) 개정안은 의사결정의 신속성과 효율성을 제고하기 위한 것이라 하여 접경지역정책심의위원회의 소속을 국무총리에서 행정안전부장관으로, 접경지역정책심의위원회의 위원장을 국무총리에서 행정안전부장관으로 각각 변경한 것이라고 밝히고 있다. 접경지역정책심의실무위원회는 접경지역 발전종합계획의 확정 및 접경지역의 발전을 위한 사업의 우선순위 조정 등을 심의하는 접경지역정책심의위원회의 심의 안건을 사전에 검토하고 접경지역정책심의위원회에서 위임한 사항 등을 처리하기 위함이다.

23) 국가균형발전위원회・인천광역시・경기도・강원도, 『접경지역 균형발전을 위한 산업육성 및 남북교류・협력방안 연구』(2019) p.773. 한국생산성본부.

따른 정책을 추진할 수 있는 장점이 있다. 새만금관리청은 새만금사업 추진 및 지원에 관한 특별법에 따라 2013년 9월 설립되었다. 청장, 차장, 대변인실, 운영지원과, 3개국에 150여명이 근무한다.[24)]

또한 종합계획 수립에 있어서도 접경지역은 중요도가 낮게 평가된다. 국가균형발전은 국가균형발전위원회, 산업통상자원부 공동으로 국가균형발전 5개년계획(2018~2022)을 수립한다. 국정운영 5개년계획과 국가균형발전 비전과 전략을 기초로 향후 5년간 국가균형발전 추진 과제를 구체화하고 있다.[25)] 5개년 계획에 따라 매년 '지역발전계획에 관한 연차보고서' 를 작성한다. 반면에 접경지역종합 발전계획은 시도지사가 계획을 수립하고 지역의 요구를 반영한 변경계획을 중앙부처 협의를 거쳐 매년 수립하는 방식이라 전략적이고 종합적인 발전계획 수립과 집행이 어렵다.

제3절 접경지자체 제도, 정책, 거버넌스

접경지자체라 함은 북한과 바다 및 육지로 접하고 있는 지방자치단체를 말한다. 광역지자체로는 인천광역시, 경기도, 강원도 3개가 해당한다. 접경지자체는 북한과 지리적으로 맞닿아 있으므로 국방과 안보의 최전선이며 남북관계에 큰 영향을 받는다. 그래서 일찍이 남북교류협력을 통한 긴장 완화와 안전한 주민 삶을 위해 노력해 왔다.

지자체 남북교류협력사업의 역사는 20여 년에 이른다. 2000년 제1차 남북정상회담으로 남북 간 직접적인 교류 협력의 문이 열렸다. 중앙정부의 고유권한으로 인식되어왔던 대북 관련 사업이 남북관계가 발전하면서 지자체의 업무로도 인식되었다. 특히 남북 공동선언 3~5항에서 인적 · 물적인 다방면의 교류협력을 약속하면서 지자체에도 인도적 지원은 물론 사회문화교류 등 인적교류가 활발해졌다.

남북 간 해빙은 1988년 노태우 대통령 시절 7.7 선언을 시작으로 1991년에는 남북기본합의서 체결로 본격화되었다. 1998년 남북관계발전기본법이 제정되었고, 바로 그해 금강산 시범관광을 시작했다. 2000년 제1차 남북정상회담에서 개성공단에 합의하고

24) 국가균형발전위원회 · 새만금관리청 조직도 참조(홈페이지 검색일, 2021.2.5.)

25) 국가균형발전위원회 · 산업통상자원부, 『제4차 국가균형발전 5개년계획(2018-2022)』(2019), p.3.

2004년에 개성공단이 문을 열었다. 2019년에는 지자체에도 독자적인 대북사업자 권한을 부여했다.

1. 조직, 기구 등 법, 제도

〈표 6〉 지자체 남북교류협력 사업 추진 계기

지자체	조례제정	추진계기	최초사업
서울	2004.07.20.	2004년 룡천역 열차 폭발 사건	2004년 룡천 참사 피해지원
부산	2007.07.11.	2002년 부산 아시안게임 개최	2000년 부산 전국체육대회 금강산 성화 채화
대구	2005.08.10.	인도주의적 관심	2009년 북한 어린이 내복 보내기운동
인천	2004.11.08.	2004년 룡천역 열차 폭발 사건	2004년 룡천참사 피해지원
광주	2003.01.01.	인도주의적 관심	2007년 수해지역 주택복구 지원
울산	2006.04.06.	2005년 발효된 남북해운합의서에 따른 남북해상로 개설시 울산항 포함	2004년 농업용 비닐 지원
경기	2001.11.09.	2000년 남북정상회담 이후 경의선 연결, 개성공단 사업 추진	2002년 농업·보건·식품 등 인도 지원
강원	1998.09.09. 1998.12.31.	2000년 남북정상회담	2000년 농업용 비닐 지원
충북	2008.02.22.	2008년 농업교류협력사업	2008년 남북농업교류협력 (황해북도 봉산군)
전북	2007.12.28.	2003년 시장·군수 협의회에서 14개 시·군 남북 교류협력 사업 공동추진 합의	2004년 농기계 및 영농자재 지원, 농기계 수리공장 신축
전남	2003.06.05.	2000년 남북정상회담 이후 평남도와 「남북교류협력기본계획」 수립	2001년 씨감자 공급
경북	2008.01.10.	남북 간 사과산업 상생발전	2008년 개성지역 사과원 조성
경남	2005.04.07.	선진농업기술 전수	2006년 농업교류협력
제주	2007.05.09.	제주감귤의 과잉생산에 따른 가격불 안정,평화의 섬 제주 지정을 위한 관심	1998년 감귤보내기 운동

*출처: 최용환, "지자체 남북교류협력사업 쟁점과 과제", 『북한토지주택리뷰』 제2권제1호(2018), p.3을 바탕으로 재구성.

대북교류의 물자를 튼 지자체는 접경에서 가장 먼 제주도였다.[26] 남북교류협력을 위한 조례 제정 등 제도화는 강원도가 먼저였다. 강원도는 1999년 각각 남북교류협력위원회와 기금 조례를 제정하였다. 뒤이어 경기도는 2001년, 인천시는 2004년 조례를 만들었다. 조례 못지않게 중요한 것이 사업을 할 수 있는 예산과 조직이다. 남북교류협력기금을 조성하여 자체의 예산으로 사업을 추진할 수 있는 동력을 갖췄고, 실질적으로 일을 진행할 수 있는 전담부서를 설치했다.[27] 지자체 사업은 장기적 목표와 계획을 갖고 시작했다기보다는 북한의 상황이 촉발했는데 특히 인도적 사안이 계기가 되었다.

지자체 교류협력은 남북관계에 따라 부침을 겪었다. 2010년 천안함 침몰 후 5.24 조치로 남북교류는 사실상 전면 중단되었다. 2008년 금강산 관광객 피살로 막힌 금강산 관광은 여전히 재개되지 못하고 있다. 냉랭한 남북관계는 북한의 핵무기 고도화와 함께 지속되다가 2018년 평창동계올림픽을 계기로 남북 간 대화가 재개되었다. 2018년 4.27 판문점 선언을 계기로 극적으로 반전된 남북관계는 2018년 한 해만 남북의 정상이 3차례 회담을 갖는 등 큰 진전을 이루었다. 이런 화해 분위기에 따라 2018년 7월 출범한 민선 7기 광역지자체는 '평화'와 적극적인 남북교류협력을 핵심가치로 들고 나왔다.

〈표 7〉 접경광역지자체 도정 목표 및 전담조직 (2021년 2월 현재)

광역지자체	시(도)정 목표(구호)	전담조직 형태	과 및 팀 명칭
인천광역시	동북아 평화번영의 중심	남북교류협력담당관(과) 3개팀	남북정책협력팀, 평화교류팀 통일기반팀
경기도	공정, 평화, 복지	평화협력국(국) 4개 과	평화협력과, 평화기반조성과, DMZ정책과, 경기국제평화교류센터
강원도	평화와 번영 강원시대	평화지역발전본부(국) 5개과	총괄기획과, 남북교류과, 평화지역문화과, 평화지역숙식과, 평화지역경관과

26) 1999년 제주도는 밀감생산 과잉으로 소비에 어려움을 겪자 민간과 관이 협력해 6차에 걸쳐 감귤 4,336톤을 북한에 보냈다.

27) 인천시 2005년 정책기획관실에 팀을 설치, 경기도 남북협력담당(팀)에서 2008년 남북협력담당관실에 3개 팀으로 확대, 강원도 1998년 기획관리실 안에 '남북교류지원담당' 신설

〈표 8〉 광역접경지자체 조례 제정 및 기금 조성 현황 (2020년 말 현재)

광역지자체	조례 제정	기금 조성 연도 및 목적	기금 조성 현황 (조성액/ 잔액, 천원)
인천광역시	2004.11.8. 남북협력조례	2004년 남북교류협력 및 통일정책 사업 지원	20,000,000/ 8,959,431
경기도	2001.11.9. 남북교류협력의 증진에 관한 조례	2001년 남북교류협력 및 통일정책 지원	71,700,000/ 13,442,685
강원도	1998.9.9. 남북강원도교류 협력위원회 조례 1998.12.31. 강원도남북교류 협력기금 조례	1998년 남북강원도간 교류협력 지원	25,300,000/ 13,723,608

* 출처: 2021년도 기금운용계획(인천광역시, 경기도, 강원도 홈페이지)

〈표 9〉 남북 관련 위원회 현황

광역지자체	남북교류협력위원회	평화 조례	정책자문기구
인천광역시	기존의 위원회는 평화 도시조성 위원회로 통합	「인천광역시 평화도시 조성에 관한 조례」	「평화도시조성위원회」 (2019.2) 위원장 시장 · 민간 공동 황해정책포럼
경기도	남북교류협력위원회 위원장 포함 30인 이내	「경기도 평화정책자문위원회 설치 및 운영 조례」 위원장 포함 30인 내외	「평화정책자문위원회」 (2019.3) 위원장 부지사 · 민간 공동
강원도	남북교류협력위원회 위원장 포함 20인 이내	별도 없음	

인천은 2018년 남북교류협력조례(2004년), 통일교육활성화지원조례(2011년)를 폐지하고 인천광역시 평화도시 조성에 관한 조례로 통합했다. 조례는 정부의 남북교류협력 및 통일정책 사업 지원, 인천시 자체 관련사업의 효율적 추진 목적에서 인천시 평화도시조성 및 남북평화 정착 목적으로 변경하고, 평화도시조성 기본계획 수립 및 통일교육 활성화 사업 등의 내용을 포함하여 개정했다. 강원도는 남북교류협력과 관련해 각각 있던 기금 조례(1998년), 위원회 조례(1998년)를 남북교류협력조례로 통합했다(2018.5.4. 제정)

2. 접경지역 광역지자체 평화정책

접경지역이라도 각 지역이 처한 상황은 각기 다르다. 육지의 군사분계선이 아닌 보이지 않는 서해바다로 북한과 접해있는 인천은 최근 20년간 직접적 남북 충돌의 현장이었다.[28] 서해바다를 평화수역으로 만들기 위한 서해평화협력특별지대 구축을 핵심축으로 남북 간 경제협력, 역사문화교류 등 다양한 협력방안을 구상하고 있다. 군사분계선에 접해있는 경기도와 강원도는 DMZ가 핵심 자원이자 협력의 고리다. 생태와 환경 보전 및 관광사업을 중심으로 연구와 사업을 추진했고 세계적 관심이 높은 DMZ를 알리기 위한 각종 학술회의, 기념행사 등을 활발히 펼치고 있다.

2018년 4.27 남북정상회담 후 출범한 민선 7기 광역지자체는 평화를 핵심가치로 설정하고 그간의 남북교류협력사업과 평화구상을 발전시킨 다양한 정책들을 제시하고 있다.

(1) 인천광역시

인천시는 2030 인천도시기본계획(2011~2030)중 접경지역 관련 정책으로 광역철도망 계획 및 광역간선도로망 계획을 검토하였다. 7대 생활권 발전전략 중 강화생활권을 지역경제 및 남북경협활성화를 위한 인프라 확충으로, 옹진생활권은 섬을 활용한 특화관광 육성, 도서지역 접근체계 강화 전략이 구상되었다.[29]

서해 평화를 위한 인천시의 핵심정책은 2007년 제2차 남북정상이 합의한 '서해평화협력특별지대' 다. 인천시는 2018년 7월 '서해평화협력시대 동북아 평화특별시' 구축을 위한 공약이행 실천계획을 수립했다. 주요 사업은 서해평화협력청 설치, 인천-개성간 고려역사문화복원 추진 및 교류 정례화, 남북문화예술교류센터 설립, 남북 공동 평화민속촌 건립, 동북아 평화거리 조성, 서해남북평화도로 건설 등이다.[30] 인천시는 평화수역설정, 남북공동어로 등 서해평화협력특별지대 사업을 총괄하는 '서해평화협력청'

---

28) 1999년 제1차 연평해전, 2002년 제2차 연평해전, 2009년 대청해전, 2010년 천안함 침몰, 2010년 연평도 포격이 모두 인천광역시 옹진군 바다에서 일어났다.

29) 인천광역시, 『2030년 인천도시기본계획』(2015), p.144.

30) 조기정, "인천시, 서해평화협력시대 위한 '동북아 평화특별시' 청사진 구축 수립", 『중부일보』(2018.7.31.)

시정비전	살고 싶은 도시, 함께 만드는 인천				
5대 시정목표	시민과 함께하는 시정	더불어 잘 사는 균형발전	대한민국 성장동력 인천	내 삶이 행복한 도시	동북아 평화번영의 중심

목표	전략	시정과제 (주관부서)
동북아 평화번영의 중심 (8개)	■ 전략 1 : 서해평화협력시대 선도	
	131	서해평화협력청 설치 및 UN평화사무국 유치 (남북교류협력담당관, 국제협력과)
	132	인천항, 인천국제공항을 대북 교류의 관문으로 육성 (항만과, 항공과)
	■ 전략 2 : 평화를 위한 남북교류 활성화	
	133	남북 역사 · 문화 교류센터 설립 (문화예술과)
	134	서해5도 남북공동어로구역 설정 (수산과)
	■ 전략 3 : 평화 경제협력 인프라 조성	
	135	"통일경제특구" 지정을 통한 교동 평화산업단지 조성 (남북교류협력담당관, 산업진흥과)
	136	대외교류 활성화를 위한 백령도–중국 간 항로 개설 (항만과)
	137	서해 좌북단 경제 · 안보 거점 조성을 위한 백령공항 건설 (항공과)
	138	영종–신도–강화–개성–해주를 잇는 서해남북평화도로 건설 (도로과)

* 출처: 인천광역시, 『민선7기 시정운영계획』(2018), p.11, 18을 바탕으로 재구성.

신설을 정부에 요청했다.

(2) 경기도

판문점에서 가장 가까운 경기도는 DMZ에 대한 연구를 활발히 했다. 자연환경보전과 생태관광 개발을 위한 연구로 시작하였는데, 2007년 DMZ 일원 자연환경보전 및 생태관광 추진방안, 2008년 DMZ 일원 평화생태공원 조성 및 생태관광 개발계획, 평화생태공원 생태체험교육 프로그램 개발 등이다. 2011년 강원도, 환경부와 함께 생물권보전지역 유네스코 등재를 추진하면서 DMZ 일원의 지속가능한 발전과 보전활용방안에 대한 관심이 증가하였다. 2012년에는 DMZ 일원 종합발전계획(2010~2020)을 수립했다. 5대 전략 39개 과제에 580,354(백만원)을 투입하는 계획이다.

비전	안보, 생태, 평화가 공존하는 세계 속의 DMZ				
목표	체계적이고 전문화된 DMZ 자원 보전과 활용 관광수요 창출을 통한 지역경제 활성화 글로벌 경쟁력 향상을 통한 DMZ 위상 정립				
5대 전략	평화통일 · 연구교육 · 관광 허브 조성(연천)	민북관광 활성화를 위한 핵심 거점 조성(파주)	평화누리길 활성화	국제적 위상제고 및 정책개발	글로벌 마케팅 (이벤트 및 홍보)

* 출처: 경기도, 『DMZ 일원 종합발전계획 2010~2020(2013년도 수정내용 포함)』(2012) p.3.

민선 7기 경기도는 향후 남북한이 만들어 갈 미래의 통합된 도시경제권의 비전과 전략을 서해 경기만-한강하구 연안지역을 중핵지대로 설정한 한반도 메가리전의 틀 속에 담아 제기했다. 역사적으로 한반도의 중심이었던 한강하구-서해 경기만 지역에 만안 경제권을 구축해 통합된 '남북통합 한반도 경제권의 심장, 신성장동력' 으로 육성하자는 것이다.

서울 수도권과 평양 대도시권의 통합적 공간구조와
인프라 연결을 위한 메가경제권 공간통합 전략 구상(안)

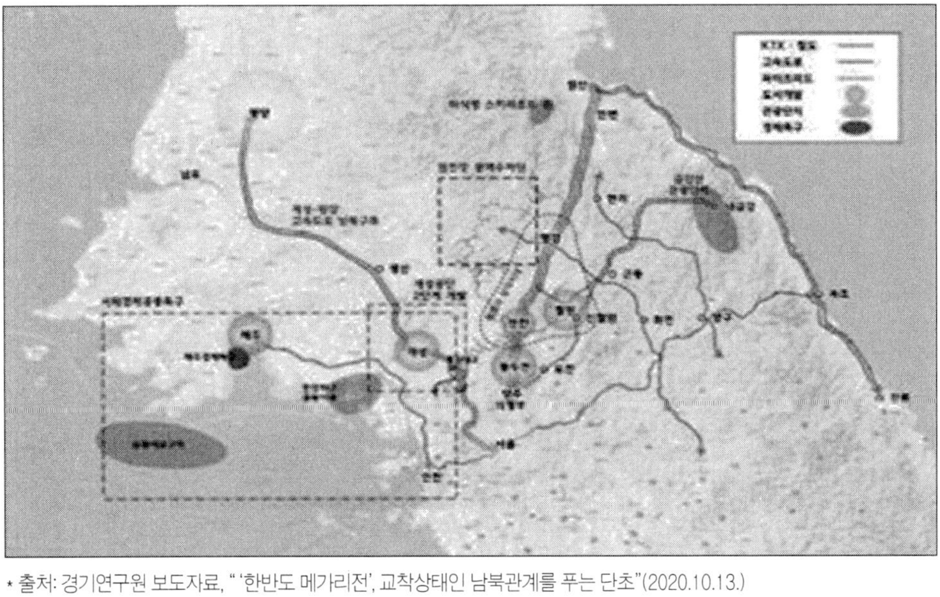

* 출처: 경기연구원 보도자료, " '한반도 메가리전', 교착상태인 남북관계를 푸는 단초"(2020.10.13.)

(3) 강원도

군사시설이 많아 지역발전에 제약이 많고, 6.25 전쟁의 유산이 많이 남아있어 안보관광지로의 특징을 갖는다. DMZ에 대한 연구와 관심도 가장 활발하다. 생태 · 환경 보전에 대한 관심도 크지만 DMZ를 세계적 명소로 만들어 강원도 DMZ의 국제적 위상을 제고하는데 집중하고 있다. 체계적인 보전관리를 통해 가치를 높이고 평화적 이용관리를 위한 마스터플랜을 수립하고자 하였다.

강원도는 2007년 한국 DMZ 평화포럼을 창설하여 DMZ의 가치를 국제적으로 알리기 위해 노력하고 있다. 2009년 고성에 DMZ 박물관과 인제에 평화생명동산, 2010년 철원에 평화문화광장을 조성하였다. 그간 개방되지 않았던 비무장지대 일원에 DMZ 평화생태공원을 조성해 탐방로로 개방하였다. 지역경제 활성화와 관광거점으로 DMZ 인접지역 거점 조성에 주력했다. 2011년 생물권보전지역 유네스코 등재를 추진하면서 접경지역 5개 시군에 대한 교육 · 홍보사업도 활발히 했다. 현재 경기도와 '국립 DMZ 기억의 박물관' 유치 경쟁을 벌이고 있다.

강원도의 구상은 남북교류협력을 선도하고 북방경제협력을 다각화하면서 평화의 메

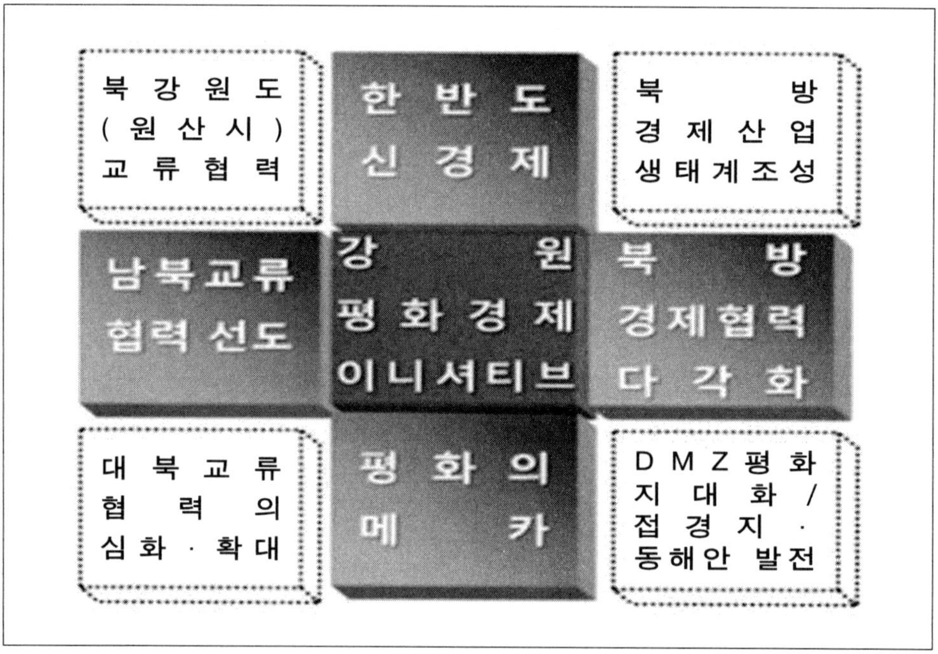

* 출처: 김범수, "접경지역지원특별법의 개정, 그리고 접경지역의 미래", 정책메모 제831호(2020), p.3. 강원연구원.

카로 기능하는 것이다.

3. 접경 협력 거버넌스 사례

접경지역과 관련해서 중앙부처와 지방자치단체, 접경지자체 간 협력사업을 추진하는 것은 쉽지 않다. 광역접경지자체의 대표적인 협력사업은 인천시와 경기도가 민간단체와 추진한 '말라리아 남북공동 방역사업' 이다.

2008년 경기도와 민간단체인 우리민족서로돕기운동은 대표단이 방북해서 실무협의를 갖고 두 차례에 걸쳐 물품을 지원했다.[31] 2009년 3월에는 북측과 평양에서 사업 평가회를 가졌고, 2010년 6월 24 일에는 5.24 조치 이후 최초로 방역물자반출과 대북지원단체 방북 승인을 받고 8월 17일 경의선 육로로 방북했다.

2011년에는 말라리아의 국내 근절을 위해서 광범위하고 전면적인 방역 지원 사업의 필요성이 제기되었다. 접경지자체인 인천시가 참여하여 2011년 5월 23일 양 단체장이 참여한 물자수송식이 임진각에서 있었다. 말라리아 남북공동 방역사업은 일방적 지원을 넘어서 남과 북 모두에 도움 되는 대표적인 사업이다. 또한 광역지자체와 민간이 공동으로 북측과 사업을 진행한 모델로도 자리잡았다. 강원도의 참여를 논의하는 중에 남북관계 경색으로 사업이 진척되지 못했다.[32]

(1) 국가균형발전위원회

대통령직속 국가균형발전위원회가 주도하여 2019년 4월 접경지 3개 시도(인천시 · 경기도 · 강원도)와 접경지역 균형발전 공동 연구용역 협약을 체결해 접경지역 산업생태계 조성을 위한 지역산업 육성 등 장단기 추진과제를 마련했다. 용역을 맡은 한국생산성본부는 '접경지역 균형발전을 위한 산업육성과 남북교류협력방안 연구' 에서 접경지역 4대 대표산업, 4대 권역별 특화산업, 접경지역 15개 시군별 특화산업을 제시했다.[33]

---

31) 1차로 5월에 개성지역에 방역 트럭 7대, 차량용 분무기 7대, 수동식 분무기 100대, 살충제 1500리터 등을 지원하고 7월에 2차로 물품을 전달했다

32) 우리민족서로돕기운동, 『우리 민족 서로돕기운동 20년 백서』(2016), pp.250-256.

33) 국가균형발전위원회, 앞의 글, pp.751-754.

연구 용역 협약체결에 이어 4개 기관은 '남북교류협력을 위한 접경지역 지자체 거버넌스 구축방안 토론회' 에서 중앙 및 지방자치단체 간 정보공유 및 실질적인 협력체계 공고화를 위한 협력적 거버넌스 구축과 한강하구 남북 공동활용을 위한 접경지역 거버넌스 구축 방안을 논의하기도 했다.[34)]

접경지역 지자체 대상은 아니지만 국가균형발전위원회가 추진하는 「대한민국 균형발전박람회」가 있다. 지역혁신 성공사례를 발굴 · 성공요인을 공유함으로써 혁신을 통한 지역발전을 전국으로 확산하기 위해 2004년 「지역혁신박람회」로 처음 개최되었다. 17개 광역지자체의 지역정책을 홍보하고 지역혁신 사례를 공유하는 국내 최대 지역정책 박람회에 접경지역은 접경의 특징과 가치를 알리는데 노력하고 있다.

자문기구인 국가균형발전위원회는 한계가 있다. 또한 국가적 차원의 균형발전을 목표로 전국 단위 지역발전사업을 추진하므로 접경지역 정책이 큰 비중을 차지하기는 어려운 구조다.

(2) 접경지역 시장 · 군수협의회

휴전선 인접한 지방자치단체 간에 관련된 행정사무의 일부를 공동으로 협의 처리함으로써 접경지역의 균형발전과 광역행정의 효율적인 추진을 목적으로 2008년 4월 28일 출범했다. 참여시군은 휴전선과 인접한 인천광역시 강화군 · 옹진군, 경기도 파주시 · 김포시 · 연천군, 강원도 철원군 · 화천군 · 양구군 · 인제군 · 고성군이다

정기회의는 연2회 상 · 하반기에 개최하며, 실무협의회는 정기회의 안건에 대한 실무적인 사전 검토가 필요할 때 개최한다. 회장단 임기는 2년이고 연임이 가능하다. 1기 회장은 철원군이 맡았고, 현재 10기 회장단이 활동 중이다(회장 양구군수, 부회장 파주시장)

협의회는 접경지역 공동발전을 위한 연구용역을 추진하고, 접경지역 지원특별법 개정을 요구하는 등 접경지역 발전방안을 모색하고 추진해 왔다. 규제개혁과 국비지원 등을 위해 국방부 · 행정안전부 · 기획재정부 등 정부부처에 건의문을 전달하거나 입법을 촉구하는 등 접경지역의 현안해결을 위해 활발히 움직이고 있다.

---

34) 경기연구원, 『남북교류협력을 위한 접경지역 지자체 거버넌스 구축 방안 토론회 자료집』(2019.04.26.)

(3) 대한민국시도지사협의회 남북교류협력특별위원회[35]

대한민국시도지사협의회는 2019년 1월 남북교류협력을 전담할 조직으로 사무처에 남북교류협력지원부를 신설하였다. 각 시도별로 남북 교류 분야 전문가를 추천받아 20인 이내의 위원들로 남북교류협력특별위원회를 구성하고, 시도 남북교류협력 과제 연구와 발굴, 시도의 남북교류협력사업에 대한 상호협력 · 분담방안 논의, 대정부 · 국회 등 정책 과제 건의 등의 기능을 수행하고 있다.

2018년 12월 17일 첫 회의를 열어 자체의 효율적인 남북교류협력사업 등의 추진을 위한 법제개선과 남북산림협력 등을 포함한 2019년도 사업계획 등을 논의하였다. 2021년 2월 현재 2기 위원회가 활동 중이며 2020년 11월 26일에 5차 회의를 열었다. 전국 광역지자체의 전문가가 모인 만큼 사업 구상도 구체적이다. 권역별 남북교류협력 포럼, 접경지역 지자체 남북교류 공동의제 발굴, 의료 · 농업 분야 등 남북교류사업 추진, 유관기관 네트워크 구축 등 위원회가 다방면으로 참여할 수 있는 지자체 남북교류지원 사업에 협력할 구상을 갖고 있다.

(4) 기타 지자체의 구상

인천시의 경우는 시민사회와의 소통과 협력의 경험이 풍부하며, 전문가 정책포럼인 '황해정책포럼' 을 운영하고 있다. 황해정책포럼은 한반도 및 동북아의 평화 · 번영을 위한 서해평화와 인천의 비전 및 역할을 수립하고, 이를 실현하기 위한 연구와 정책 제언이 목적이다. 2012년 출범한 서해평화정책포럼의 후신으로 2019년 5월 출범한 서해정책포럼을 2020년 명칭 변경했다. 2012년부터 2014년까지 10 · 4 남북정상선언의 '서해평화협력지대' 와 관련한 연구를 해온 인천연구원은 서해평화 아젠다를 국가적으로 확산하고 다양한 남북협력사업을 통해 평화경제공동체를 만드는 데 노력하고 있다.[36]

경기도는 지방정부 거버넌스로 '남북평화협력 지방정부협의회' 를 추진하고 있다. 2018년 10월부터 지자체 차원에서 남북교류협력 지식을 공유하고 지방정부 간 교류 활성화를 목적으로 전국 지자체를 대상으로 추진해왔다. 각 광역시자체 별로 이뤄지고 있

35) 대한민국시도지사협의회 보도자료, "17개 시 · 도, 북한 산림자원 회복 위해 남북산림협력 함께 추진 한다" (2018.12.7.), "대한민국시도지사협의회, 제5차 남북교류협력특별위원회 개최" (2020.11.26.)

36) 김창수 외, 『남북 평화협력시대 평화도시 인천 비전 및 전략연구』(2019), 인천연구원.

는 대북 지원 사업을 효율적으로 추진하고, 남북교류협력사업의 법률적 · 제도적 기반을 마련하자는 것이다.[37] 현재 지방정부 차원의 남북교류협력을 논의하는 기구로 전국시도지사협의회 남북교류협력특별위원회가 2018년 10월부터 활동하고 있다. 2020년 11월 남북교류협력법 개정으로 통일부 주관 지방정부 남북교류협력정책협의회 근거 규정이 마련됐다.[38]

그밖에도 사안별로 협력체계를 구축하기도 한다. 접경지역의 대표적 현안 중 하나가 한강하구 평화적 이용이다. '한강하구 남북 공동활용을 위한 거버넌스' 로 2019년 12월 19일 '한강하구 공동연구 협의회' 가 발족했다. 여기에는 통일부와 6개 지자체(경기도, 서울시, 인천시, 고양시, 김포시, 파주시), 5개 연구기관(경기연구원, 서울연구원, 한국건설기술연구원, 한국해양수산개발원, 한국환경정책 · 평가연구원)이 참여했다.

제4절 결론–접경협력 거버넌스 활성화 방안

우리나라에서 접경지역이 차지하는 범위가 넓고 인구도 많지만 접경지자체 간 협의 구조는 취약하다. 광역지자체는 산업과 인구구조도 복잡하고 현안이 많은데다 접경지역의 비중이 높지 않아 핵심 의제에서 빠지기 쉽다. 접경지역을 구성하는 지자체의 종류도 다양하다. 광역 내 기초지자체도 주민들이 처한 삶의 환경, 경제 여건 등 환경에 따라 입장이 다르고, 관심 분야도 다르다. 그러므로 통일된 목소리를 내기가 쉽지 않다.

국가 안보를 위한 희생으로 인한 낙후지역에 대한 개발의 관점에서는 접경지역 주민의 정주여건 개선을 비롯한 인프라 확충이 우선이다. 평화를 위해서는 주민의 관심과 적극적 참여가 필수적이다. 남북교류협력을 위한 역할과 과제도 타 지자체들보다 우선적인 관심사이다. 이처럼 접경지역에는 여러 가지 현안과 과제가 복잡하게 어우러져 있다.

복합적인 행정이 이루어져야 함에도 접경지역을 보는 시각이나 정책은 분절화 되어 있는 게 현실이다. 낙후지역 개발의 관점으로 볼 것이냐 환경보전의 관점으로 볼 것이냐의 선택의 문제가 아니다. 접경지역은 거시적 관점에서 바라봐야 한다. 접경지역은

37) 경기도 보도자료, "경기도, 「남북평화협력 지방정부협의회」 구성 추진" (2018.10.24.)
38) 남국성, "남북평화협력 지방정부협의회 접경지 인천 · 강원은 빠지나", 경인일보(2020.12.11.)

어느 한 지역도, 공간도, 시간도 아니다. 분단으로 야기된 거대한 공간벨트이다. 접경지역에는 1945년 해방부터, 또는 한국전쟁과 정전까지 분단 75년의 시간이 축적되어 있다. 길게는 한반도의 중심이었던 반만년 역사까지 거슬러 올라가야 한다. 벨트는 연결성이다.

중앙 부처든 지방자치단체든 지역 주민이나 시민사회든 자신의 입장에서 볼 수밖에 없다. 중앙 부처의 관심과 적극적인 노력이 필요하며, 국가균형발전은 물론 자치분권을 강화하는 관점으로의 전환이 시급하다. 접경지역 협력 거버넌스 구축을 위해서는 다음과 같이 추진하는 것이 바람직하다고 생각한다.

첫째, 접경지역에 대한 종합추진체계가 있어야 한다. 현안이 거의 전 부처에 걸쳐있으므로 국무총리가 총괄 · 조정해야 한다. 또한 장기적 발전계획에 따른 연도별 계획이 수립되어야 한다. 행정안전부에서 매년 시도의 요구를 반영해서 계획을 변경하는 방식의 발전종합계획은 '종합' 계획이라고 보기 어렵다. 별도의 독립된 사무처가 필요하고, 접경지역심의위원회를 접경지역위원회로 격상하여 제안한 지원 사업을 평가하는 기능을 넘어 전체 종합계획을 수립하여 심의, 추진, 평가할 수 있는 체계를 갖추어야 한다.

둘째, 중앙부처와 접경지역 광역단체장, 10개 기초단체장이 참여하는 협의체가 있어야 한다. 중앙부처는 전국을 단위로 부처 고유의 업무가 있다 보니 접경지역과 관련해서 관심과 예산을 충분히 반영하기가 어렵다. 지방에 대한 세세한 이해도 부족하다. 중앙과 지방의 진정한 거버넌스를 구축하기 위해서는 (가칭)접경지역 광역협력추진협의회가 필요하다. 이러한 협의회를 통해 사안별로 부처와 지자체간 협의를 추진할 수 있다. 일례로 2018년 9월 문화체육관광부는 한국관광공사와 함께 DMZ 접경 13개 지자체(광역 3개, 기초 10개)가 참여하는 '비무장지대(DMZ) 평화관광 추진협의회' 를 구성했다. 협의회 구성이나 협약식에만 그치지 않고 실질적 협의와 사업추진에 속도를 낼 수 있도록 기관장의 적극적인 의지가 뒷받침되어야 한다.

셋째, 기초지자체 간의 협의라 광역 단위의 정책 수립이 어렵고, 정책 의제를 설정하고 실행하는 데 있어서 대 정부 협상력도 떨어질 수밖에 없다. 접경지역지원 특별법 개정에 대한 줄기찬 요구에도 불구하고 그 성과를 거두기가 용이하지 않은 실정이다. 수해 등 자연재해와 아프리카돼지열병 등의 사례에서 보듯이 임진강, 북한강 등 남북한 공유하천에서의 방역협력, 의료보건협력 등 공동 협력추진체계가 마련되어야 한다. 또한 한탄강 유네스코 지질공원 등재 이후 운영을 위한 사무국 등 광역협력의제를 처리하기 위한 협의가 수시로 이뤄져야 한다. 지역마다 광역과 기초의 관계가 다르긴 하지만 광역의 기초에 대한 정책 영향, 시(도)비 보조 등 예산 지원이 필요하므로 광역과 기초 간의 협력도 중요하다.

넷째, 남북교류협력 사업이 투명하게 추진되어야 한다. 남북관계 특수한 상황을 고려하더라도 정보접근이 어려운 실정이다. 사업이 성사되기 이전까지는 비공개를 하더라도, 추진 후에는 공개해야 한다. 남북사업은 지역주민과 국민들의 지지가 사업 추진 동력을 좌우하므로 국민적 공감대를 얻는 노력을 적극적으로 펼쳐야 한다. 시민의 지지 없이 남북협력정책이나 평화정책은 추진하기 어렵다. 각 지자체별 남북교류협력위원회 구성이나 회의 내용, 평화정책 수립 · 추진 과정 등에 대한 자료 공개가 더 확대되어야 한다.

다섯째, 접경지역에 대한 국민들의 인식 전환 노력을 적극적으로 기울여야 한다. 특히 접경지역은 국토의 특정지역인 북쪽에 위치해 있으므로 국민들이 찾아오기 쉽지 않다. 교통이나 관광인프라가 많이 좋아지기는 했지만 심리적으로 멀게 느껴지는 곳이다. 접경지역에 대한 관심의 확산은 접경지역 내부에서부터 시작해야 한다. 지역 주민들, 시민단체, 전문가들과 의견을 나누고 활발히 소통해야 한다. 세계인이 관심 갖고 오고 싶어하는 DMZ는 우리에게는 분단의 상처이다. 그렇지만 분단을 극복하고 평화와 통일로 나아가는 데 활용할 수 있는 자산이라는 자부심을 갖고 활용방안을 잘 찾아야 한다. 평화가 절실한 접경지역에서부터 평화를 만들어야 한다.

[참고문헌]

국가균형발전위원회 · 산업통상자원부(2019), 『제4차 국가균형발전 5개년계획(2018~2022)』.

국가균형발전위원회/ 인천광역시/ 경기도/ 강원도(2020), 『접경지역 균형발전을 위한 산업육성 및 남북교류 · 협력방안 연구』, 한국생산성본부.

김범수(2020), “접경지역지원특별법의 개정, 그리고 접경지역의 미래”, 정책메모 제181

호, 강원연구원.
김창수 외(2019), 『남북 평화협력시대 평화도시 인천 비전 및 전략연구』, 인천연구원.
경기도(2012), 『DMZ 일원 종합발전계획 2010~2020(2013년도 수정내용 포함)』.
경기연구원(2019), 『남북교류협력을 위한 접경지역 지자체 거버넌스 구축 방안 토론회 자료집』.
문화체육관광부(2011), 『제3차 관광개발기본계획(2012~2021)』.
문화체육관광부(2016), 『한반도 생태평화벨트 조성사업 중간평가 연구』.
박은진, 여인애(2018), "한반도 비무장지대 일원 정책과 연구의 변화 및 시사점" 「환경정책」 26(2): 19-45.
우리 민족 서로돕기운동(2016), 『나눔과 평화의 길, 그 스무 해의 여정』, 우리 민족 서로돕기운동 20년 백서.
이효원 외(2020), 『남북접경지역 발전방안 법제연구』, 한국법제연구원.
인천광역시(2015), 『2030년 인천도시기본계획』.
인천광역시(2018), 『인천광역시 민선7기 시정운영계획』.
정재선(2009), "평화생명지대(Peace & Life Zone) 관광개발계획", 「한국관광정책」, 통권 제36호.
최용환(2018), "지자체 남북교류협력사업 쟁점과 과제", 「토지주택리뷰」, 제2권제1호.
최준영 외(2013), 『세계평화공원 조성을 위한 과제』, 국회입법조사처.
통일부(2014), 『2014년 통일백서』.
〃 (2020), 『2020년 통일백서』.
〃 (2020), 『2020년 통일문제이해』.
〃 (2021), 『2021 통일부 주요업무 추진계획』.
행정안전부(2011), 『접경지역발전종합계획』.
환경부(2015), 『제4차 국가환경종합계획』.
〃 (2019), 『DMZ 일원 생태계 보전 종합대책 수립 연구』. 국립생태원.

경기도 보도자료, "경기도, 「남북평화협력 지방정부협의회」 구성 추진" (2018.10.24.)
경기연구원 보도자료, "'한반도 메가리전', 교착상태인 남북관계를 푸는 단초"

(2020.10.13.)
대한민국시도지사협의회 보도자료, "17개 시 · 도, 북한 산림자원 회복 위해 남북산림 협력 함께 추진한다."(2018.12.7.). "대한민국시도지사협의회, 제5차 남북교류 협력특별위원회 개최(2020.11.26.)
행정안전부 보도자료, "DMZ를 세계적인 "생태 · 평화벨트(Eco-Peace Belt)"로 조성— 행정안전부, '남북교류 · 접경권 초광역개발 기본구상' 마련—,"(2009.12.1.)
행정안전부 보도자료, "각종 규제에 가로막힌 접경지역 발전에 올해 2,160억원 투자행 안부, 「접경지역 발전종합계획 2020년도 사업계획」 확정,"(2020.2.24.)
환경부 보도자료, "비무장지대 인접 강원 · 연천, 유네스코 생물권보전지역 지정," (2019.6.19.)

남국성, 남북평화협력 지방정부협의회 접경지 인천 · 강원은 빠지나,"『경인일보』 (2020.12.11.)
조기정, "인천시, 서해평화협력시대 위한 '동북아 평화특별시' 청사진 구축 수립", 『중부일보』(2018.7.31.)

『인천광역시 2021년 기금운용계획』, 인천광역시 홈페이지
『경기도 2021년 기금운용계획』, 경기도 홈페이지
『강원도 2021년 기금운용계획』, 강원도 홈페이지
법제처, 『국가법령정보센터』 사이트

제3부
DMZ·접경지역과 남북 교류협력

〈〈〈 DMZ 평화와 접경 협력

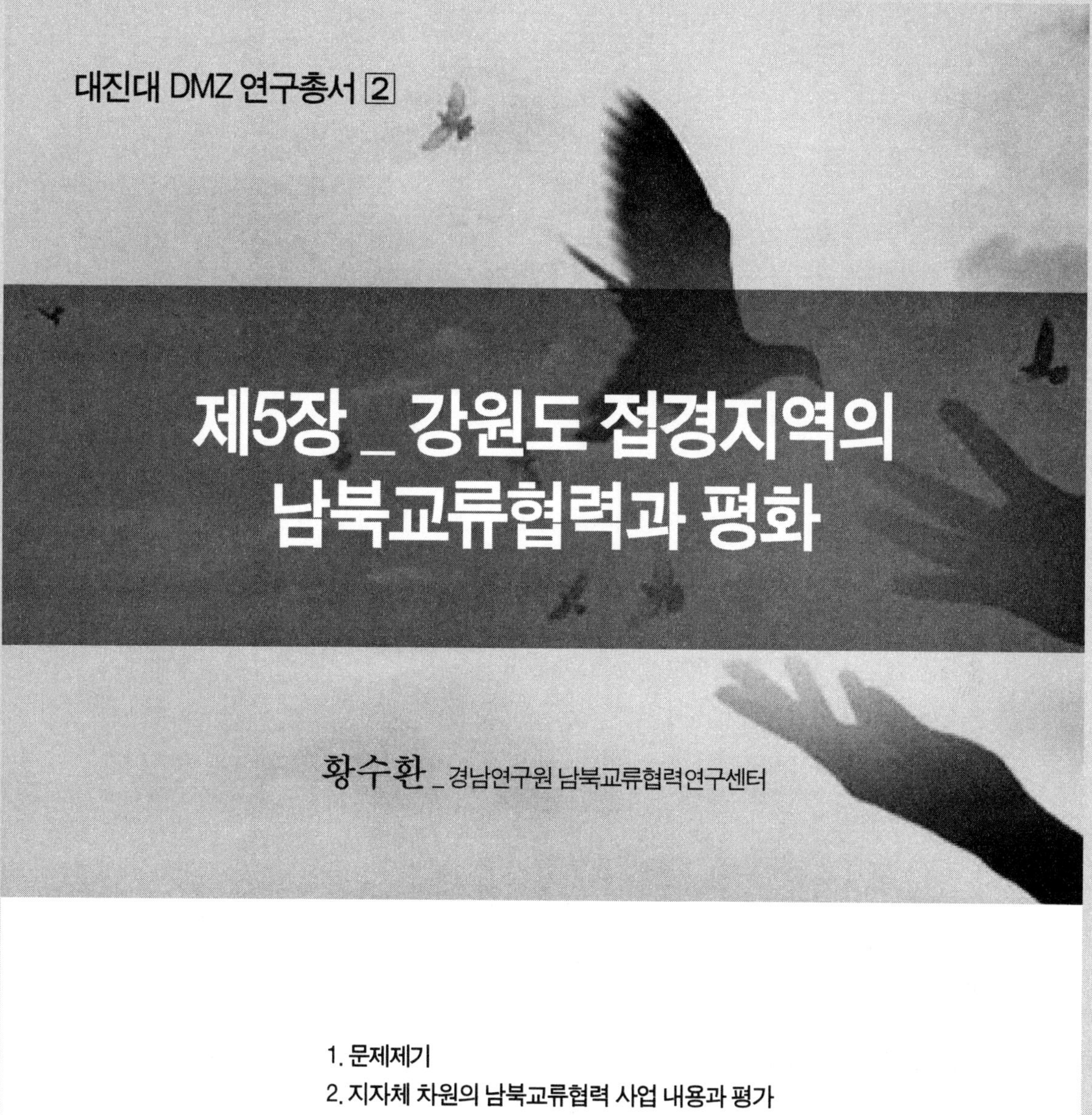

제5장 _ 강원도 접경지역의 남북교류협력과 평화

황수환 _ 경남연구원 남북교류협력연구센터

1. 문제제기

본 글은 기존 남북교류협력사업을 평가한 뒤, 강원지역을 중심으로 새로운 남북교류협력의 방향을 평화학적 관점에서 제안하고자 하는 데 목적이 있다. 2020년 6월 16일 북한은 개성공업지구에 위치한 남북공동연락사무소를 폭파하는 사건이 발생했다. 남북공동연락사무소는 4.27 판문점 선언에 따라 남북 간 교류협력을 원활하게 진행하기 위하여 2018년 9월 설치했지만, 2년도 채 안된 시점에 폭파되었다. 이 사건은 개성공단의 재개를 모색하고 새로운 남북교류협력사업을 추진하려던 사람들뿐만 아니라 모든 국민들에게 충격적으로 다가왔다. 남북공동연락사무소 폭파사건을 보면 남북협력사업의 재개와 한반도의 평화는 우리가 예상하는 그 이상으로 힘들고 어려운 작업이라는 점을 다시금 확인할 수 있게 되었다. 그럼에도 불구하고 남북교류협력사업을 다시 진행해야 한다는 필요성은 끊임없이 되고 있으며, 새롭게 재개된다면 이전에 진행된 형태와는 다른 방식과 내용으로 진행되어야 한다는 의견이 끊임없이 제기되고 있다. 새로운 형태의 남북교류는 남북 간 평화적 상황을 심화시키는 데 기여하는 방식으로 만드는 것이 시대적 과제라 할 수 있다.

2000년 6.15 남북정상회담 이후 남북협력사업은 심화발전하여 한반도의 통일이 가시화되는 듯한 인상을 받기도 했다. 10여 년간 진행된 남북교류협력사업은 2010년 5.24조치 이후 2020년 현재까지 10여 년간 침체에 빠지고 있다. 2000년부터 2010년까지 10여 년간 진행된 남북교류협력사업이 2010년부터 2020년까지 10여 년간 정체를 맞이하고 있는 것이다. 이 과정에서 북핵문제와 국제사회의 대북제재, 그리고 2020년에는 코로나19 상황이 중첩되면서 남북교류협력사업은 침체를 맞게 되었다. 2018년 4월과 9월 판문점과 평양에서 남북정상회담이 개최되어 남북교류협력사업의 재개에 대한 희망이 나타나기도 했지만, 2020년 6월 남북공동연락사무소가 폭파되는 사건을 통해 남북 간 먹구름은 지속되고 있는 상황이다.

한반도 정세의 흐름과 마찬가지로 기존 남북교류협력사업과 접경지역의 평화적 활용에 관련한 연구에서도 주로 2000년부터 2007년 두 차례의 남북정상회담을 계기로 활발히 진행되었다.[1] 최근에는 2018년 판문점 선언 이후 관련 연구가 다시 활기를 띠는 듯했으나, 2019년 하노이 북미회담이 합의결렬로 성과가 없었고 남북관계가 다시 경색되

면서 교류협력과 접경지역의 평화적 이용과 관련된 연구들 역시 다소 정체되고 있는 상황이다.[2)]

본 글은 강원지역을 중심으로 남북협력사업의 현황을 평가하고 한반도 평화의 회복을 모색하는데 초점을 두고 남북교류협력사업에 발전방안을 강구하고자 한다. 현재 한반도 주변 정세가 매우 불안정한 상황에서 남북협력사업의 근본적인 문제를 드러내고 이를 해결하기 위한 중장기적 과제를 모색하는 것이 필요한 시점이라 판단된다. 먼저 남북교류협력사업의 내용과 특징을 살펴본 뒤 강원도를 중심으로 새로운 평화적 방향에서 남북교류협력모델을 강구하도록 하겠다.

2. 지자체 차원의 남북교류협력 사업 내용과 평가

남북교류협력법에서 정의하고 있는 협력사업은 '남한과 북한의 주민(법인 · 단체를 포함한다)이 공동으로 하는 문화, 관광, 보건의료, 체육, 학술, 경제 등에 관한 모든 활동'을 의미한다.[3)] 지방자치단체(이하 지자체) 차원의 남북교류협력사업은 제주도가 1999년 1월 제주기독교교회협의회를 중심으로 감귤보내기운동을 진행하면서 시작됐다. 당시에는 남북교류협력사업이라기보다 대북지원의 성격을 더 크게 지니고 있었다. 1998년 당시 제주도의 감귤농사가 풍작으로 인해 과잉산물의 처리과정에서 감귤가격 안정 효과 및 대북 인도적 지원사업 차원에서 감귤 대북지원사업을 추진하였기 때문이다.

2000년 12월 강원도와 북한 간 남북교류 합의서가 체결되면서 타 지자체 차원에서도

1) 대표적 연구는 이우영, 2021, 「남북한 평화공존을 위한 사회 · 문화 교류 · 협력의 활성화 방안」 통일연구원; 임강택 외, 2002, 「새로운 남북협력모델의 모색」 통일연구원; 김영윤 외, 2007, 「남북 물류 · 운송 활성화 및 협력방안 연구」 통일연구원; 양현모 · 이준호, 2008, 「남북 교류협력 효율화를 위한 거버넌스 모형 구축」 통일연구원; 손기웅 외, 2009, 「접경지역의 평화시대 조성을 통한 남북교류 활성화 방안」 통일연구원 등이 있다.

2) 김상기 외, 2018, 「한반도 평화와 남북협력 종합연구」 통일연구원; 김은옥, 2018, 「새로운 남북협력시대 지방자치단체의 남북교류협력 추진방향」 민주연구원; 서보혁, 2019, 「한반도 평화와 남북 협력 종합연구 총론: 평화 · 경제 · 화해협력 구상」 통일연구원; 최용환, 2020, "DMZ 및 접경지역 남북협력의 쟁점과 과제," 국가안보전략연구원 「INSS 전략보고」 통권 82호(2020) 등이 대표적이다.

3) 「남북교류협력에 관한 법률」 제2조 4항 참조.

남북교류가 본격적으로 시작되었다. 2000년 남북정상회담을 계기로 개성공단 건설, 금강산 관광 등에 대한 남북경제교류협력사업이 진행되면서 경기도, 강원도, 인천 등 접경지역 지자체에서 남북교류에 대한 관심이 증가하게 됐다. 특히 2004년 북한 룡천역 열차 폭발사고는 대북 인도적 지원에 대한 지자체 차원의 남북교류협력사업이 확대되는 계기가 작용하기도 했다.

하지만 2010년 천안함 사건 등으로 인한 5.24 조치로 인해 이명박 정부에서는 대북제재, 개성공단 및 금강산을 제외한 방북 불허, 남북교역 중단, 북한 선박의 남한 해역 운항 불허, 대북 지원사업의 원칙적 보류, 인도적 지원을 포함한 모든 지원을 차단하게 되면서, 지자체 차원에서 진행된 남북교류협력사업의 대부분이 중단되거나 축소됐다. 그리고 2013년 박근혜 정부 출범 이후 '한반도 신뢰프로세스'를 통한 대북정책을 추진했으나, 북핵문제 해결 없이는 남북교류협력에 대한 확대가 이뤄질 수 없다는 입장과 2016년 1월 제4차 핵실험 및 같은 해 2월 장거리 탄도미사일 발사 실험 등으로 인해 지자체 남북교류협력사업을 포함한 모든 남북관계 자체가 중단됐다.

2018년 4월 27일 남북정상회담 '판문점 선언'을 계기로 지자체 차원에서도 남북교류

〈그림 1〉 남북협력사업의 주요 사건 요약

(단위: 억 불)

(단위: 만 명)

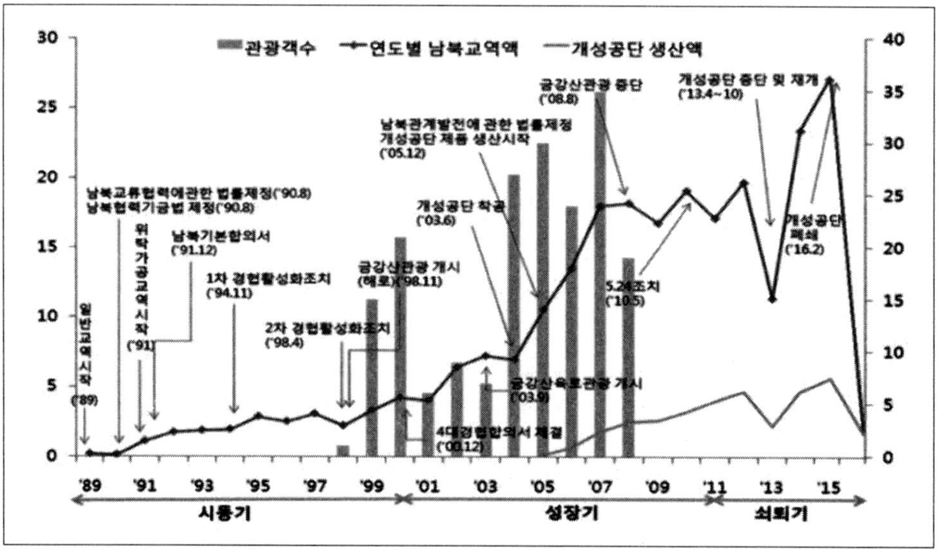

* 출처: 이유진, 2016, "남북경협 28년의 성과와 과제," 「KDB북한개발」 통권 7호, p.165.

협력의 재개에 대한 기대가 높아졌다. 2018년 6월 지방선거를 통해 민선 7기 지자체가 출범하면서 의욕적으로 남북교류협력사업을 구상하고 추진하려 했지만, 국제사회의 대북제재 국면과 2020년 초부터 발생한 코로나19 상황 등으로 남북교류협력은 재개되지도 못하고 있는 상황이다. 결국 지자체뿐만 아니라 모든 남북협력사업은 불가피하게 한반도 정세 변화에 민감하게 반응하며 부침을 거듭해 왔다고 볼 수 있다.

1998년부터 2009년 동안 추진한 지자체의 대북교류사업의 유형별 실적을 평가하면 다음과 같다. 첫째, 해당 기간 중에 125개 사업이 성사되었고 경제교류가 전체의 61.2%인 64개로 가장 많았으며 기타 40개(32.0%), 문화교류 14개 (11.2%), 인적교류와 체육교류가 각각 6개와 1개로 나타났다. 지자체 차원의 사회문화체육교류 사업을 보면 2005년 서울시의 남북공예 대전 지원, 2006년 평양 고구려 안학궁터 발굴 지원, 2005년 남북강원도 민속문화 축전 등이 대표적이다. 체육분야 교류는 2005년 인천 아시아육상대회 북한선수단 및 협력단 참가, 2007년 인천광역시의 평양시 체육단 축구장 현대화 사업, 2005년 강원도의 남북아이스하키 친선경기 등이 있다.

둘째, 지역별로 보면 강원도가 29건(23.2%)으로 가장 많았고 인천광역시 15건, 제주도 13건, 전라남도 12건, 서울특별시와 경기도 11건 등 순으로 나타났으며, 대전과 충남의 경우 대북교류사업의 실적이 전무했다. 강원도, 경기도, 인천 등 접경지역 지자체에서 주로 남북교류협력사업을 진행한 것으로 나타났다.

지자체 차원에서 진행된 남북교류협력사업은 남북관계를 개선하는 데 매우 중요한 행위자로서 역할을 담당한 점은 부인하기 어렵다. 한반도의 긴장과 갈등을 완화하고 평화와 공존을 가져올 수 있는 수단이자, 장기간의 분단으로 심화되어 온 남북한 간의 이질성을 극복하고 민족의 동질성을 회복하게 하는 디딤돌 역할을 담당했다고 평가할 수 있다.

지자체 간의 남북교류협력사업이 향후 통일을 대비한 지역적 특색있는 사업을 추진하기 위한 토대를 마련했다고 볼 수 있다. 남한의 지자체만이 일방적인 이익을 위한 교류협력이라기보다는 각 지역적 특색을 고려하여 북한과의 상호 호혜적 이익이 추구되는 비정치적목적의 교류협력이 주로 추진됐다. 주로 인도적 지원, 사회문화교류, 보건의료 사업, 농업분야 교류사업 등이다. 예를 들면, 경기도에서 추진한 남북한 말라리아 공동방역 사업의 경우도 남한의 경기도 지역뿐만 아니라 북한과의 공동으로 방역이 이

〈표 1〉 지자체 대북교류사업의 유형별 실적 비교(1998~2009)

구분	계	인적교류	문화교류	체육교류	경제교류	기타
서울	11		5			6
부산	6			1	3	2
대구	1					1
인천	15	5	2		2	6
광주	1				1	
대전	–					
울산	8				5	3
경기	11		1		9	1
강원	29		3		22	4
충북	1				1	
충남	–					
전북	8				7	1
전남	12		2		7	3
경북	2				2	
경남	7	1	1		3	2
제주	13				2	11
합계	125	6	14	1	64	40

* 출처: 김영표, 2012, "경상남도 대북교류협력사업 활성화 방안" 경남발전연구원 정책포커스(2012~35), p.22.

뤄져야 실질적으로 사업이 성공될 수 있음을 인식하게 되었다. 또한 강원도가 추진한 금강, 설악권 솔잎혹파리 공동방제에 대한 산림병해충 사업의 경우에서도 마찬가지로 상호 이익을 위해 교류협력이 추진됐다.

남북한 지역 주민 간 접촉 기회 확대로 인한 상호 적대적 인식 제고에도 기여하기도 했다. 이로 인해 남북교류협력사업의 필요성에 대한 국민적 공감대 형성과 중앙정부 차원이 아닌 지자체 차원에서 모든 주민이 참여할 수 있는 국민적 사업이라는 인식의 전환 마련했다는 점을 들 수 있다. 하지만 인식의 전환을 마련했을 뿐 실제로 활발히 추진되지 못한 한계가 동시에 존재한다.

지자체 남북교류협력사업의 성공사례에 대한 이유를 종합해 보면 첫째, 남북 상호간의 호혜에 입각해 신뢰가 조성되어 이를 토대로 지속적으로 사업이 확대된 점, 둘째 성공적 평가를 받고 있는 사업들은 일방의 이익이 아닌 상호 간 이익을 고려하고 있고, 다른 분야까지 연계가 가능한 사업부문을 포함하고 있다는 점, 셋째 지자체의 남북교류협력 관련 조례 및 기금을 마련하여 자체적으로 사업을 진행하여 독자성을 보유하여 규범의 초기단계에 도달했다는 점을 들 수 있다.

지자체 남북교류협력사업의 실패사례에 대한 공통적 이유를 보면 첫째, 가장 큰 원인은 1회성 전시용으로 추진되었다는 점, 둘째, 남북교류협력사업을 성사시키려는 의욕이 앞선 나머지 사업의 선정과 추진과정 그리고 성과에 대한 세밀한 대책 없는 무리한 사업추진 경향과 중복지원되었다는 점, 셋째, 평양 등 북한 일부지역에만 지원이 집중되는 문제, 넷째, 일부 지자체의 경우 지원역량을 초과한 과다지원 및 중복지원의 문제를 초래했다는 점, 다섯째, 전시성 이벤트성 행사로 전락되거나 단체장의 정치적 치적사항으로 활용된 점을 들 수 있다.

결국 지자체 남북교류협력의 방향성에 대한 혼란, 지자체 간 논의 및 협의 기제 부재, 남북교류협력사업의 분야별, 지역별 편중, 남북교류협력사업의 모니터링 및 평가 시스템 미흡, 중앙정부에 종속된 지자체 교류협력정책 등 지자체 남북교류협력사업의 한계점을 극복하는 새로운 방향을 모색할 필요가 있다.

3. 남북교류협력의 발전방향

기존 남북협력사업의 내용을 바탕으로 발전방안을 강구하기 위한 전략적 차원에서는 북핵 문제에 대한 인식의 전환, 남북관계의 제도화 진전, 협력사업의 행위자 및 영역의 확대 등을 들 수 있다. 첫째 북핵문제에 종속된 남북교류협력을 극복해야 한다. 북핵문제의 해결 없이는 교류협력을 진행해서는 안된다는 인식을 전환해야 한다. 분명 북핵문제의 진전 없이 남북관계의 정상화, 남북협력사업의 재개는 현실적으로 어려운 상황이라는 점을 인정한다. 하지만 중요한 점은 남북관계를 북미관계나 비핵화에 종속된 위상으로 보지 않고 남북한 사이의 상호안전보장이란 차원에서 접근하는 과감한 인식의 전환이 필요하다는 것이다. 한반도 평화의 문제를 상호안전보장 차원에서 본다면, 다양한 분야의 교류협력을 통해 포괄적으로 한반도 평화가 가능하다는 인식의 전환이 요구된다. 새로운 남북교류협력사업이 진행되기 위해서는 반드시 북핵문제 해결이 선행되어야만 하거나 혹은 북핵문제를 선도해야 한다는 관점을 지양할 필요가 있다. 물론 여러 복합한 상황으로 인해 북핵 문제의 지속은 국제사회의 강력한 대북제재가 유지됨을 의미하고 이는 남북협력이 제한적인 범위에서 논의될 수밖에 없다는 한계가 존재한다. 북핵문제와 남북협력사업을 병행적이고 동시적으로 추진하되, 북핵문제로 인해 다양한 교류협력이 제한되는 일은 방지해야 한다. 장기적인 관점에서 북핵문제의 해결을 위해서는 남북교류협력사업이 진행되는 과정에서 서로 선순환된다는 점일 인식할 필요가 있다.

둘째로는 대북제재 하에서 이행 가능한 남북합의를 우선 추진하고 북한의 합의 이행을 점진적으로 압박할 필요가 있다. 2020년 정부는 2027년 개통을 목표로 강릉-제진간 동해북부선 개통공사를 착수했고, 코로나19 상황 등으로 인해 남북 공동방역, 공동예방을 위한 남북 의료·보건 협력 등을 제안하는 등 끊임없이 합의사항 이행을 노력한 점을 긍정적으로 평가할 수 있다. 이러한 사항을 통해 실제 남북협력이 진행되어 새로운 차원의 남북관계 발전적 방향이 자연스럽게 모색될 수 있는 시너지 효과를 만들 수 있게 될 것이다. 시너지 효과를 창출하기 위해서는 2018년 남북정상회담을 통해 남북간 합의한 여러 사안들에 대한 안정적 이행을 위한 법제도적 보장장치가 마련되어야 하겠다. 남북협력을 안정적으로 추진할 수 있는 제도적 기반이 형성된다면, 향후 남북교류협력이 재개될 때 우리가 상상하는 그 이상의 경제적, 정치적 효과를 얻을 수 있을 것이다. 이를 위해 우선 우리부터 남북 정상간 합의문에 대해 국회의 비준 동의를 얻어 남북합의서를 법제화를 추진할 필요가 있다.

셋째는 남북협력에 있어 국내외의 다양한 행위자들이 유기적인 협력체계를 구축할 수 있도록 새로운 협력구조를 구상하여 그 영역을 확대할 필요가 있다. 남북관계의 특수성으로 인해 교류협력사업에 대한 정부가 주도적으로 추진하고 있지만, 지자체와 민간 시민사회의 유기적인 협력이 가능한 거버넌스를 구축이 함께 진행되어야 한다. 또한 국제적 차원에서 남북협력사업을 추진하기 위해 주변국 간 다자협력을 적극적으로 추진함으로써 남북관계 불안정에 따른 위험을 최소화하는 방안도 마련되어야 한다. 남북경협사업뿐만 아니라, 사회문화, 의료보건 분야 등 비정치 영역에서 국내 및 동북아 차원의 다자협력을 추진하고 경제, 정치안보 분야로 확대할 필요가 있다. 문재인 정부가 추진하는 신북방정책, 신남방정책 차원에서 지자체의 역할이 필요하다.

아울러 남북협력사업에 있어 경제협력사업과 함께 사회문화교류사업 등 남북 간 상호 이해와 신뢰를 증진시킬 수 있는 다양한 협력사업을 안정적으로 추진할 필요가 있다. 지금까지 사회문화 협력은 평화경제를 위한 부수적인 영역으로 취급되어 왔다. 하지만 남북 간 상호 인식의 간극을 좁히고 한반도 공동체 규범을 강화한다는 점에서 지자체 고유의 사회문화 분야 협력사업의 독자성을 확대할 필요가 있다. 남북 간 사회문화교류는 결국 한반도 평화와 공동체 인식의 증진을 위한 초석을 다지는 데 크게 기여할 수 있기 때문이다.

미래지향적 관점에서 남북교류협력의 성과에 대해 양적 빈도로 파악하여 이를 성과지표로 나타내는 관점은 지양될 필요가 있다. 즉 남북대화나 남북교류협력이 양적으로 많이 진행되는 것을 마치 정상적인 성과로 인식하는 문제를 극복할 필요가 있다. 양적인 부분에 집착하면 남북교류협력 자체를 성과위주의 목적으로 호도할 수 있기 때문이다. 만약 남북교류협력이 잘 이뤄지지 않으면 성과가 없다거나 실패한 것으로 인식하는 것이 문제라는 점이다. 새로운 남북교류협력의 방향은 양적인 부분보다는 질적인 측면으로 남북 간 평화를 증진시켰는가를 파악하고 평가하는 것이 중요하겠다. 또한 남북교류협력에서 북한이 질적으로 원하는 것이 무엇인지 면밀히 파악하는 작업이 병행되어야 하겠다.

4. 강원도 남북교류협력의 현황과 발전방안

(1) 현황

강원도 면적의 약 30%는 북한과 직접 마주 보는 접경지역이다. 강원도는 한반도 유일의 분단도이면서 비무장지대의 58%를 차지하고 있는 지리적 특성을 지니고 있다. 또한 강원도는 북강원도와의 정서적 공유가 가능한 독특한 지역이다. 지역적 조건을 활용하여 북한과의 협력가능한 사업을 발굴하여 추진했다. 한반도 평화시대를 대비하여 강원도의 생태, 지질, 인구, 자연환경 등 지역적 특성을 고려한 분야별로 발전전략을 모색하여 진행했다. 대표적으로 산림병충해 방제 사업, 농업교류사업 등이 있다.

〈표 2〉 강원도 남북교류협력사업의 추진 현황

분야	시간	내용	추진부서	조례제정년도
경제협력 분야	2001~2004	연어자원보호증식	남북교류 업무 전담부서 설치('98.9)	1998
	2001~2008	북강원도 산림병해충 방제		
	2004. 12	원산 농민기술강습소 보수		
	–	금강산 공동영농사업		
사회문화 교류분야	2005. 9	남북강원도 민속문화축전		
	2006. 3	남북아이스하키 친선경기		
	2006. 11	북한의 2014 평창동계올림픽 유치지지 합의 체결		
	2007. 4	북한태권도시범단 초청행사		
	2018. 2-3	2018년 평창 동계올림픽, 패럴림픽 개최		
인도 대북지원	2000. 12	못자리용 비닐 제공		
	2004. 4	북한 룡천역폭발사고 성금 전달		
	2007. 10	북강원도 수해복구 물자제공		

* 출처: 인제대 통일학연구소, 2015, 「성남시 남북 교류협력 추진 전략」, pp.12-13의 내용을 수정보완함.

특히 강원도의 농업분야는 남북교류협력의 상징적인 분야로 인식되었다. 남북관계와 관련한 조례와 기금 등을 전국에서 최초로 제정하고 설치한 강원도는 2000년 북강원도에 씨감자 30톤 지원을 시작하면서 대북교류협력사업을 추진했다. 농업부문 협력은 못자리용 비닐 지원, 옥수수 1천 톤과 감자 300톤 지원, 원산 농민기술강습소 보수, 씨감자 원종장 건설 등으로 이어졌다. 강원도의 농업교류협력은 강원대학교, 농협강원지역본부, 천주교 춘천교구청 등 다양한 주체가 참여한 점이 특징이다. 남북강원 간 농업 부문 교류로는 금강산병충해방제, 연어 부화장건설, 원산농업기술연구소 개보수, 안변 연어사료공장건설 등이 추진됐다.

〈그림 2〉 지자체별 북한농업지원사업 현황(2009)

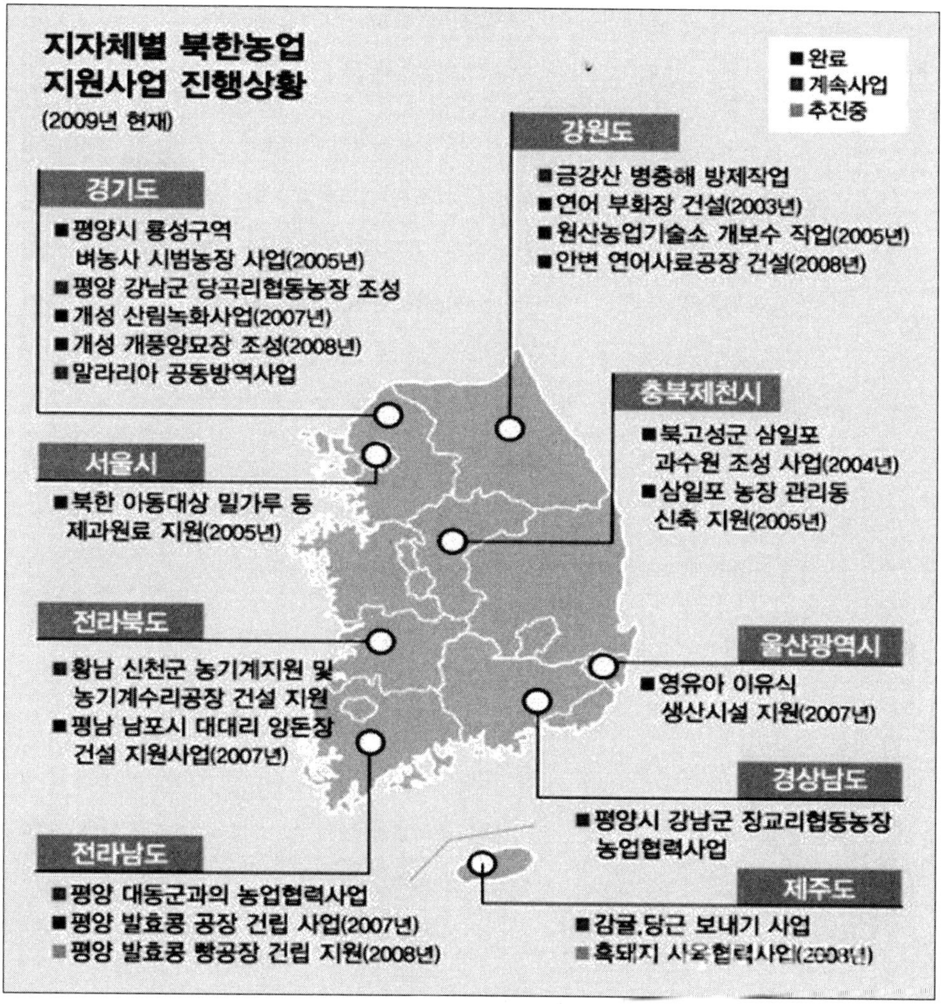

* 출처: 미니투데이(2018.6.19.) "남북 농업기반 조성 노력 '시즌2' 열린다."

남북교류협력관련 조례는 강원도에서 최초로 제정되었다. 1998년 강원도에서 남북교류협력관련 조례를 시작으로 2018년 남북정상회담 이후 한반도 평화분위기에 편승해 타 지자체에서 남북교류협력관련 조례를 지정했다. 강원도 지역 18개 시군(7시, 11군) 중 강원교육청을 제외하고 12개의 지자체에서 남북교류협력 관련 조례를 제정하여 관련 사업의 추진을 위한 제도적 기반을 마련했다. 이 중 9개의 조례가 2018년 이후 제정되었다.

〈표 3〉 강원도 지역 지자체 남북교류협력관련 조례 현황

순번	지자체명	조례명	제정일자
1	강원도	남북강원도교류협력위원회 조례	1998.9.9
2	강원도	강원도 남북교류협력기금 조례	1998.12.31
3	강원도 고성군	고성군 남북교류진흥기금설치및운용조례	2001.3.21
4	강원도 교육청	강원도 남북교육교류협력위원회 조례	2007.12.21
5	강원도 철원군	철원군 남북교류협력 증진에 관한 조례	2008.1.10
6	강원도 춘천시	춘천시 남북교류협력 조례	2018.11.9
7	강원도 동해시	동해시 남북교류협력에 관한 조례	2018.12.28
8	강원도 속초시	속초시 남북교류협력에 관한 조례	2019.1.11
9	강원도 원주시	원주시 남북교류협력 조례	2019.1.11
10	강원도 양구군	양구군 남북교류협력 조례	2019.2.12
11	강원도 인제군	인제군 남북교류협력에 관한 조례	2019.5.1
12	강원도 평창군	평창군 남북교류협력에 관한 조례	2019.6.28
13	강원도 고성군	고성군 남북교류협력 조례	2019.11.14
14	강원도 홍천군	홍천군 남북교류협력에 관한 조례	2019.12.10

* 출처: 법제처 국가법령정보센터, http://www.law.go.kr/ordinSc.do?tabMenuId=tab138#AJAX(검색일: 2020년 10월 10일).

(2) 강원도 남북교류협력사업의 발전방향

강원도의 비전인 '평화와 번영 강원시대'에 맞게 새롭게 남북교류협력을 발전시킬 수 있는 방안은 3가지 차원으로 구분하여 전략과 방향을 마련해야 한다. 첫째, 강원도

내부차원, 둘째, 강원도와 북한과의 관계 차원, 셋째, 강원도와 동북아지역 혹은 국제적 차원에서 남북교류협력을 추진할 수 있는 다양한 사업을 구상할 필요가 있다. 3가지 차원은 한반도의 중심도인 강원도를 중심으로 남북관계 발전전략을 강구하고, 강원도의 특성을 고려한 강원도만의 맞춤 전략 기본토대가 될 수 있다.

첫째, 내부적 차원의 전략은 강원도 내의 시군과 협력을 강구하는 방안이다. 강원도는 접경지역과 비접경지역이 공존하고 있는 지역이다. 접경지역 주민들은 북한, 남북관계에 영향을 주로 받는 반면, 비접경지역은 상대적으로 덜 영향을 받고 관심도 낮다는 점을 고려해야 한다. 강원연구원에서 진행된 한반도 평화시대 관련하여 기존연구들은 대부분 접경지역에 국한되어 있다. 예를 들어 강원연구원을 중심으로 연구된 '남북강원접경지발전 전략', '철원평화산업단지 개발', '강원생태평화 생물권보전지역(화천, 양구, 고성, 철원)', 'DMZ 평화적 이용 구상' 등이 대표적이다. 강원도가 추진하는 '강원평화특별자치도' 에 도민 공감대 형성하기 위해서는 강원도 내 모든 시군에서 추진할 수 있는 다양한 사업을 발굴할 필요가 있다. 이를 위해서는 강원도 내 차원에서 평화경제 사례를 발굴해야 한다. 2018년 이후 남북관계의 변화는 DMZ 평화의 길, GP 철수, 동해안의 철책 제거 등 그동안 민간인의 접근이 제한되었던 자연환경을 민간인들이 즐길 수 있게 해주었고, 이를 통하여 지역사회의 경제활성화 및 마을활성화가 이뤄지는 변화가 나타나고 있는 점을 분석할 필요가 있다. 평화경제의 핵심 가치는 불평등과 차별적인 구조를 개선하는 것이고 평화경제의 시작은 지역주민을 주체로 참여하는 것에서 시작해야 한다는 점에서 도민의 공감대를 형성해야 한다. 강원도 접경, 비접경 지역주민의 일상적 평화 실현여부, 체감효과 등을 분석해야 한다. 향후 강원도를 중심으로 항구적인 한반도 평화정착 방안을 마련하는데 기여할 수 있는 사례로 활용할 수 있다.

둘째, 남북관계 차원에서 강원도가 적극적으로 추진할 수 있는 남북교류협력사업을 발굴할 필요가 있다. 2018년 이후 평창동계올림픽을 계기로 한반도 평화시대가 도래하는 시대적 대전환의 상황에 맞아 강원도를 중심으로 한반도 평화와 통일의 시대를 준비하는 새로운 남북평화 협력체계가 마련되어야 한다. 강원도를 중심으로 남북교류협력을 추진하기 위해 정부와 시도의 기존정책을 분석하여 추진가능한 영역과 방안을 연구하는 작업이 필요하다. 또한 향후 남북교류협력의 급증과 평화시대의 도래가 가져올 파급효과를 대비하는 차원에서 강원도 내의 경제적, 문화적, 예술적, 교육적 잠재력 속에서 지역적 특징을 살린 창의적 협력 의제를 발굴하는 작업이 요구된다. 이를 위해 각종 종합계획에 따른 강원도의 정치, 경제, 사회적 공간변화에 대한 분석이 필요하다. 예를 들어 「제4차 국토 종합계획 수정계획(2011~2020)」에서 마련된 접경지역의 강원권 5대 발전 방향 중, '권역 특화발전 기반 구축과 신 성장거점 육성' 과 '대륙으로 가는 전진기지 복합교통 · 물류기반 구축', '생명 · 건강산업 중심의 첨단지식산업 집중 육성', '복합관광산업 및 저탄소녹색성장 발전거점 육성' 등의 추진성과에 대한 점검과 분석이 요구된다. 그 외 「제3차 관광개발 기본계획(2012~2020)」, 「제6차 강원권 관광개발 계획(2017~2021)」에서 제시한 관광인프라 및 관광벨트구축을 통한 남북관광의 연계가능성을 검토하는 연구작업을 진행할 수 있다. 이러한 계획과 전략분석을 통해 남북교류협력 분야에서 강원도 내 각 시군별로 추진할 수 있는 사안을 발굴해야 한다. 여기서 중요한 사안은 북한이 어떠한 사업에서 강원도와의 교류협력을 원하는 지 파악하는 것이 필요하다. 이를 위해 북한이 필요로 하는 사업을 찾고 강원도가 이에 협력을 추진할 수 있는 사업을 찾는 연구를 함께 진행해야 하겠다.

셋째, 지역 및 국제적 차원에서 강원도와 협력할 수 있는 사안을 발굴해야 한다. 한반도 통일, 평화와 번영은 남북관계 차원이 아닌 동북아 지역, 국제적 차원으로 연계된 사안이라는 점을 인식해야 한다. 특히 한반도 신경제구상의 남북 동해안의 관광벨트 구축은 단순히 남북한 차원이 아닌 유라시아 대륙으로 진출하기 위한 구상이라는 점을 인식할 필요가 있다. 남북교류협력에 대해 대륙을 넘어 북방경제 차원에서 교류협력을 추진할 수 있는 강원도 발전전략이 마련될 수 있다. 강원 지역을 중심으로 '효과적인 북방경제 · 대륙진출 방안 연구용역', '대륙횡단철도 연계를 위한 연구용역', '대륙횡단철도의 진행과 강원권 철도망 구축의 필요성' 등 교통, 물류 차원에서 연구를 진행했다. 이러한 선행연구의 성과를 바탕으로 북한뿐만 아니라 중국, 러시아, 몽골 등 주변국의 지자체 차원과 강원도가 교류협력을 진행할 수 있는 이 가능한 사례를 발굴할 수 있다.

종합적으로 보면, 강원도를 중심으로 남북교류협력사업을 추진하기 위해서는 강원도 내부차원의 전략, 북한과의 연계 전략, 동북아 지역 및 국제적 연계 전략을 마련해야 하겠다. 3가지 전략이 함께 선순환하는 과정에서 강원도를 중심으로 발전된 남북교류협력의 방향을 모색할 수 있겠다.

⑶ 강원도 남북교류협력사업의 발전구상

2018년 6월 지방선거를 통해 지자체 민선 7기를 출범시켰다. 2018년 판문점에서 열린 4.27 남북정상회담의 분위기에 맞춰 당시 새로 출범한 지자체에서도 다양한 방식으로 남북교류협력사업을 구상하여 추진하려 했다. 강원도의 민선 7기는 경제협력 분야, 사회문화 분야, 인도지원 분야로 구분하여 남북교류협력사업을 구상했다.

〈표 4〉 강원도 민선7기 남북교류협력사업 구상

구분	경제협력 분야	사회문화 분야	인도지원 분야
내용	1. 금강산 공동영농 사업 2. 동해선 철도연결 사업 3. 양양~북한 항공로 개설 4. 속초~원산 및 설악산~금강산 국제 관광지대 조성 5. 철원 평화산업단지 조성 6. 양묘지원 등농 · 수 · 산림 협력사업	1. 여자 아이스하키 단일팀 구성 및 공동 훈련 지원 2. 아리스포츠컵 국제유소년축구대회 3. 2021년 동계아시안게임 남북 공동 유치 4. DMZ 생태평화벨트조성 5. 궁예 도성 남북 공동발굴	1. 말라리아 공동방역사업 2. 금강산 산림 병충해방제 사업 3. 결핵 퇴치 지원

* 출처: 나용우 외, 「지자체 남북교류협력사업의 평가지표와 발전방향」 KINU 정책연구시리즈 18-04, p.75 중 일부발췌.

경제협력분야에서는 금강산 공동영농 사업, 동해선 철도연결 사업, 양양~북한 항공로 개설, 속초~원산 및 설악산~금강산 국제 관광지대 조성, 철원 평화산업단지 조성, 양묘지원 등농 · 수 · 산림 협력사업 등을 추진하려 했다. 북한의 식량문제에 협력하는 농업분야의 교류협력사업을 심화, 확대를 모색했다. 식량문제와 관련한 농업분야의 교류협력사업은 강원도가 추진해 온 대표적인 교류협력사업이다. 그 동안 간헐적, 개별적으로 추진해 온 사업을 지속적으로 확장가능형 사업으로 추진하려 했다. 4차 산업혁명 시내 ICT 융합의 (가칭)남북공동의 평화농장을 조성하여 북에 ICT 기술을 전파하고, 복합적, 패키지 형태의 농업교류협력사업을 추진하려 했다.

관광분야에서는 문재인 정부의 한반도 신경제지도 구상을 선도하는 설악~금강벨트 구축 전략을 마련했다. 금강산관광의 재개 후, 기존의 금강산관광을 업그레이드하는 차원에서 설악산과 연계한 남북한 광역관광개발계획을 수립했다. 이는 북한의 금강산특구와 연계하여 중국인 등 금강산관광 목적의 외국인 관광객이 설악산을 관광하고 양양국제공항으로 출국하는 관광 프로그램 도입하는 구상이다. 중장기적으로 북한의 원산시와 남한의 강릉시까지 포함하는 남북동해안 광역관광벨트로 확대하려 했다.

사회문화 분야에서는 체육관련 사업을 중심으로 여자 아이스하키 단일팀 구성 및 훈련, 아리스포츠컵, 동계아시안게임 공동유치가 있다. 평창동계올림픽을 계기로 민족의 동질성 회복과 공감대 형성을 위한 정기적 남북스포츠 이벤트를 추진했다. 남북아이스하키 친선경기, 북한 태권도시범단 교류, 남북마라톤대회 등을 정기적 이벤트로 확대추진하려 했다. 스포츠 이벤트 외에 남북강원도 민속문화축전 등도 정기적으로 개최하여 도민의 긍지와 자부심을 고양시키려 했다. 그리고 DMZ 생태평화벨트조성, 철원 태봉국 궁예도성 남북공동발굴 사업 등도 사회문화 분야를 중심으로 추진하려 했다.

인도적 지원분야는 강원지역 말라리아 공동방역, 금강산 산림 병충해방제, 결핵퇴치 지원을 추진하려 했다. 강원도는 말라리아 방역 등 그동안 중단된 사업의 추진을 기획했다. 말라리아 공동방역과 북강원도 결핵퇴치 지원 등의 민생협력 차원의 인도적 지원사업을 포함한다. 여기에는 남북 공동경작, 온실농장 운영의 금강산 공동영농사업, 안변 송어양식장 건립, 기후변화 대응 북강원도 산림자원 조성 등 농수산림분야의 협력지원도 포함될 수 있다.

그 밖에 강원도의 특성을 살린 환경협력 추진으로는 군사분계선에서의 적대 행위 상호 중단된다면, 중 · 동부전선의 남북한 접경지역에서 생태환경을 보전 · 복원하는 사업을 구상하기도 했다. 접경지역 비무장지대의 생태환경을 복원하고 동식물의 안전한 서식처로 조성하기 위해 남북 간 환경협력을 구상한 것이다.

강원도가 남북 강원도로 구성된 유일한 분단도라는 지역적 특성에 맞게 통일시대 대비한 접경지역의 특성화 전략을 수립했다.[4] 대표적으로 강원도는 한반도 평화를 적극적으로 추진하기 위한 선도적 역할을 담당하기 위해 '평화특별자치도' 운영을 준비하기도 했다. 강원도는 세계 유일 분단도라는 지역적 특성 살려 일국양제가 아닌 양국일제를 준비하는 차원에서 강원평화특별자치도의 지정과 운영을 준비했다. 이는 분단을

4) 육동한 외, "2018 남북정상회담 그리고 강원도: 남북관계 발전과 강원도 평화경제 이니셔티브(안)" 강원연구원 정책메모 2018-25호, 제686호, p.10.

고착화하는 것이 아닌 분단도라는 강원도의 특성을 살려 남북교류협력을 적극적으로 추진할 수 있는 제도적 장치를 마련하여 한반도 평화에 적극적으로 기여하기 위한 구상인 것이다. 평화특별자치도는 설악~금강, 철원 평화산업단지, 고성 북방교류단지 등이 운영되는 강원도에 남북교류협력의 특별한 권한과 지위를 부여하는 것으로 단계별로 추진하되, 일차적으로 설악~금강벨트의 고성에 남북교류촉진 특별지구의 지정을 모색했다.

〈표 5〉 강원도 남북교류협력사업의 추진방안(2018년 이후)

목표	방향	내용
다방면적인 협력과 교류왕래 및 접촉 활성화	분단도로서 다방면적인 교류협력의 활성화 촉진	1. 남북강원도 아이스하키친선대회 정례화 2. 남북강원도 민속문화축전 정례화 3. 연어자원 보호증식 4. 산림병충해 공동방재 5. 2018 동계아시아경기대회 남북공동 개최 6. 민간 차원의 교류협력 지원
DMZ의 평화지대화 선도	DMZ의 생태 · 평화 · 문화공간화를 통한 접경지역의 평화지대화 선도	1. DMZ 생태평화벨트 조성 2. 태봉국 도성의 발굴 및 복원 추진 3. 접경지역 신재생에너지 마을 조성 4. 북한강의 공동이용 및 관리
북한 관광의 다변화	동해안권의 남북 관광협력벨트 조성을 통한 북한관광의 다변화	1. 원산~설악산 동해안 광역관광개발 추진 2. 남북 백두대간 민족 평화트레일 조성
동해 평화협력 특별지대 추진	동해 평화협력 특별지대 등 해양협력으로 남북공동시장 형성	1. 평화의 바다공원 조성 2. 동해의 남북공동 조업구역 설정 및 관리 3. 러시아수역 출어선 북한수역 직항로 개설

* 출처: 육동한 외, "2018 남북정상회담 그리고 강원도: 남북관계 발전과 강원도 평화경제 이니셔티브(안)" 강원연구원 정책메모 2018-25호, 제686호, pp.4-9.

2018년 이후 강원지역 접경지역 중심으로 구상된 남북교류협력 사업의 내용은 다음과 같다. 철원군은 철원평야를 이용한 농업에 특화하고 교류협력에 대비했고, 북한의 세포등판축산기지와 연계를 대비한 농축산협력사업을 준비했다. 화천 · 양구 · 인제군은 유네스코 생물권보전지역을 이용한 생물산업에 특화를 준비했다. 강원권 국립생물자원관의 재유치를 통해 남북접경지역 공동협력의 생물산업으로 특화를 추진했다. 고성군 통일경제특구 등의 지정을 통해 북방문화 · 관광클러스터와 산업 · 물류 클러스터 등을 통한 다각적 측면의 발전전략을 강구했다. 고성군은 남북 강원도와 연어, 송어 등의 대량 양식 등 남북 강원도 수산업 협력 사업의 재개 및 확대하는 방안을 준비했다. 또한 해양자원의 남북교류협력 관점에서 동해안 평화의 수역 조성과 공동 어로를 추진하고 남북 강원도 해역을 통합하여 공동어로수역으로 조성하는 방안을 검토하기도 했다.

5. 마치며

분단도라는 지역적 특성에 의해 강원지역에서 진행된 남북교류협력사업은 남북관계를 개선하는 데 매우 중요한 행위자로서 역할을 담당한 점은 부인하기 어렵다. 한반도의 긴장과 갈등을 완화하고 평화와 공존을 가져올 수 있는 수단이자, 장기간의 분단으로 심화되어 온 남북한 간의 이질성을 극복하고 민족의 동질성을 회복하여 한반도 평화에 기여하는 디딤돌 역할을 담당했다고 평가할 수 있다.

2018년 이후 추진하려고 계획한 강원지역의 남북교류협력사업은 향후 통일을 대비한 지역적 특색 있는 사업을 추진하려고 노력했다는 점을 알 수 있다. 지자체의 일방적인 이익을 위한 교류협력이라기보다는 강원지역 특색을 고려하여 북한과의 상호 호혜적 이익이 추구되는 비정치적목적의 교류협력이 주로 추진했고, 이를 보다 발전시키려 노력했다.

강원지역은 접경지역의 특수성을 통해 농업, 축산, 산림, 관광 등 다양한 분야에서 남북교류협력사업을 추진하면서 해당 분야별로 각각의 성과들이 축적되어 쌓여있다. 관련분야에서 학자, 공무원, 시민단체 등 전문가들도 상당수 보유하고 있다. 한반도 평화에 기여하는 새로운 남북교류협력모델을 창출하는데 강원도는 제도적, 행정적, 학술적 기반이 상당히 축적되어 있다고 볼 수 있다. 중요한 점은 남북교류협력사업이 단순히 일회용 사업이 아닌 지속적, 상호이익 차원에서 진행된다면 강원도 차원의 노하우가 더욱 발전할 수 있을 것이다.

강원도는 한반도 평화를 지속시키는 방향에서 남북교류협력의 발전을 모색하기 위해서는 교류협력의 목표와 원칙에 대한 명확한 정립을 마련해야 한다. 강원도 차원의 남북교류협력의 영역과 추진 전략, 중앙정부와의 관계에 대해서도 공동의 논의와 입장이 필요하겠다. 강원도 차원의 남북교류협력사업의 목표는 남북의 지역과 주민 간 상호 이해와 협력을 제고하고, 남과 북의 지자체 간 번영을 도모하는 것으로 목표를 설정할 필요가 있다. 이와 같은 목표 하에 '점증적, 단계적 추진', '교류협력의 지속성 확보', '상호이익의 증진', '북한사회의 변화 추동', '지역사회의 지지와 참여' 등에 대한 기본 원칙을 구성하고 각 지자체 간 공유해야 하겠다.

지난 20여 년간 진행된 남북교류협력사업이 정부 중심에서 진행된 한계가 존재한다. 이제는 지자체. 민간 등 정부 이외 시민사회 영역의 참여가 보장되는 방향에서 추진해야 한다. 이를 위해 남북교류협력사업의 중요한 핵심행위자는 지자체와 민간 시민단체라는 인식이 필요하다. 지자체와 민간 시민단체는 그들이 지닌 고유한 대북교류협력에 대한 노하우와 전문성, 인적 네트워크 등을 바탕으로 한 단계 업그레이드된 남북교류협력사업을 추진해야 한다. 지자체와 민간 시민단체라는 핵심행위자 외에도 지방의회, 지역언론, 지역 연구소, 대학 등 다양한 행위자들과 함께 협력하면서 네트워크를 이루는 거버넌스(governance)를 형성하여 실질적인 시민참여형 교류협력 방안 강구할 필요가 있다. 아울러 남북교류협력의 발전을 위해서 국제적으로도 남북협력사업에서 다자협력을 적극적으로 추진하는 방안을 함께 강구해야 할 것이다.

이러한 종합적인 방안들이 모두 강원도뿐만 아니라 한반도와 동북아의 안정과 평화를 지속시키는 방향에서 추진되어야 하겠다. 남북관계의 평화적 발전 및 관리에 기여할 수 있도록 방향을 제시하고 강구해야 하겠다. 남북 간 한반도 평화 정착을 위한 공동의 인식을 공고히 하는 방향에서 추진되어야 하겠다.

[참고문헌]

김상기 외, 2018, 「한반도 평화와 남북협력 종합연구」 통일연구원.

김영윤 외, 2007, 「남북 물류 · 운송 활성화 및 협력방안 연구」 통일연구원.
김영표, 2012, “경상남도 대북교류협력사업 활성화 방안” 경남발전연구원 정책포커스 (2012-35).
김은옥, 2018, 「새로운 남북협력시대 지방자치단체의 남북교류협력 추진방향」 민주연구원.
나용우 외, 2018, 「지자체 남북교류협력사업의 평가지표와 발전방향」 KINU 정책연구시리즈 18-04.
서보혁, 2019, 「한반도 평화와 남북 협력 종합연구 총론: 평화 · 경제 · 화해협력 구상」 통일연구원.
손기웅 외, 2009, 「접경지역의 평화지대 조성을 통한 남북교류 활성화 방안」 통일연구원.
양현모 · 이준호, 2008, 「남북 교류협력 효율화를 위한 거버넌스 모형 구축」 통일연구원.
육동한 외, 2018, “2018 남북정상회담 그리고 강원도: 남북관계 발전과 강원도 평화경제 이니셔티브(안)” 강원연구원 정책메모 2018-25호, 제686호.
이우영, 2021, 「남북한 평화공존을 위한 사회 · 문화 교류 · 협력의 활성화 방안」 통일연구원.
이유진, 2016, “남북경협 28년의 성과와 과제” 「KDB북한개발」 통권 7호.
인제대 통일학연구소, 2015, 「성남시 남북 교류협력 추진 전략」 성남시 정책연구용역보고서.
임강택 외, 2002, 「새로운 남북협력모델의 모색」 통일연구원.
최용환, 2020, “DMZ 및 접경지역 남북협력의 쟁점과 과제,” 국가안보전략연구원 「INSS 전략보고」 통권 82호.

머니투데이
법제처 국가법령정보센터. http://www.law.go.kr/

제6장 _ 코로나19와 동아시아 보건안보의 쟁점과 협력

박은주 _ 통일연구원

I. 서론

2019년 12월 중국 후베이성 우한시에서 원인 불명의 폐렴환자들이 나타나기 시작하였다. 원인을 명확히 규명할 수는 없었지만, 환자들 모두 폐렴 증세를 보인 탓에 '우한폐렴' 으로 불렸다. 첫 환자가 확인된 후 1년이 지난 현재까지도 전 세계를 고통받게 만든 이 감염병은 '코로나바이러스 감염증 2019(COVID-19)' [1]로 명명되었다. 코로나19가 우한시를 넘어 중국 전역과 아시아, 전 세계로 확산하는데 소요된 시간은 고작 3개월 안팎이었다. 이 짧은 기간 동안 실체를 알 수 없는 코로나19는 국제정세를 크게 뒤흔들고 있다. 특히, 발원지로 지목되고 있는 중국이 위치한 동아시아는 발병 초기부터 가장 오랜 시간 피해를 받은 지역이며, 향후 정세 변화가 크게 나타날 것으로 전망된다.

한국은 2020년 1월 20일 중국 우한에서 입국한 중국인이 첫 번째 환자로 확진되면서 코로나19가 급속도로 퍼지기 시작한 이래,[2] 확산과 진정, 재확산의 사이클을 벗어나지 못하고 있다. 코로나19는 첫 환자 발생 후 100일도 채 지나지 않은 시점에 173개국 234,073명이 확진되는 등 급속도로 확산되었다.[3] 전 세계적인 유행이 이루어지던 2020년 3월 11일에는 세계보건기구(WHO)가 WHO의 감염병 확산의 최고 단계(6단계)인 세계적인 '팬데믹(Pandemic, 감염병 세계 유행)' 을 선언할 정도로 상황이 급박하게 진행되었다.[4] WHO가 팬데믹을 선언한 것은 역사적으로 3번째 있는 일이다. 앞선 두 번의 선언은 1968년 홍콩 독감, 2009년 신종인플루엔자 확산기에 이루어졌다.

WHO의 펜데믹 선포 이후, 세계 각국은 국가비상사태를 선포하고 국경을 봉쇄하는 등 강도 높은 조치로 코로나19의 확산을 막기 위해 노력하고 있다. 국가와 국가를 잇는 항공편은 대부분 운행을 중단하였고, 대규모 집회와 행사는 축소되거나 취소되었다. 어린이집과 유치원, 초 · 중 · 고등학교는 개학을 연기하고, 대학은 대면 수업을 온라인 수

---

* 이 글은 "신안보 위협, 코로나19 등장과 북한의 대외전략 변화," 「원광 군사논단」 제15호(2020)에 실린 내용과 2020년 12월 4일 개최된 한국국제정치학회 연례학술대회의 발표 논문 "COVID-19와 동아시아 보건안보의 쟁점과 협력"을 수정 · 보완하여 재구성하였습니다.

1) 전환주 외, "코로나19 대응을 위한 국내외 치료제 및 백신 개발 현황과 과제," 『보건산업브리프』 vol. 302, 한국보건산업진흥원, 2020.5.15. p.2.

2) 최바울 · 권신정 · 이정은, "통계로 본 코로나19 발생 추이와 현황," 『통계프리즘』 2020 여름호, 통계청, p.25.

3) 차두현, "'코로나19' 를 통해 본 '신안보' 와 국제질서," 『이슈브리프』 2020-10, 아산정책연구원, 2020.3.25.

4) *Washington Post*, "WHO declares a pandemic of coronavirus disease covid-19," March 11, 2020.

업으로 전환하는 등 사람 간의 직접 접촉을 최소화하기 위해 노력하고 있다. 또 2020년 여름 개최 예정이었던 도쿄올림픽도 연기되고, 스포츠 경기는 무관중 경기로 진행되었다.

하지만 이러한 노력에도 불구하고, 코로나19는 소멸하지 않았다. 코로나19의 '집단감염(mass contagion)' 에 대한 공포(phobia)는 세계 경제에 즉각적으로 부정적인 영향을 주고 있다. 공장은 가동을 멈추고, 공공기관과 일부 민간 기업들은 재택근무를 시행하였으며, 자영업자들은 경기 하강으로 생계유지를 걱정해야 하는 상황이 되었다. 이는 한국뿐 아니라 전 세계적인 추세였다. 세계 주식시장은 펜데믹 선언 당시 대규모 폭락과 하락세를 보였다.

코로나19는 단순히 질병을 유발하는 바이러스가 아니라 세계 각국의 국가안보를 위협하는 새로운 위협 요인으로 인식되고 있다. 역사를 돌이켜보면, 2003년 사스, 2009년 신종인플루엔자, 2015년 메르스 등 약 6년 간격으로 감염병이 창궐하였으며, 2019년 코로나19의 등장으로 평균 주기가 짧아졌다. 세계 곳곳에서 감염병이 광범위하고 변칙적으로 국가적 위기를 초래한 것이다. 이는 다시 말해, 문명과 함께 진화 중인 감염병이 새로운 국가안보의 위협 요인이 되고 있다는 의미로 해석할 수 있다. 감염병의 확산과 같은 신안보 위협은 의료체계가 제대로 갖춰져 있지 않은 저개발국가에 더욱 치명적이다.

동아시아(Eastern Asia) 지역은 국제연합의 지역분류에 따르면 한국, 중국, 일본, 북한, 대만, 몽골을 포함하는 지역을 의미한다. 하지만 본 연구는 라오스, 캄보디아, 베트남, 필리핀, 인도네시아, 말레이시아, 부르네이, 싱가포르, 버마, 동티모르 등 동남아시아(South-Eastern Asia) 지역을 포괄하는 의미로 '동아시아' 라는 명칭을 사용한다. 동아시아와 동남아시아는 지리적으로는 구분되어 있으나, ASEAN+6의 사례가 보여주듯 정치 · 경제적 쟁점에서는 긴밀하게 연결되어 있어,[5] 동일 지역으로 설정하고 분석을 진행하고자 한다. 동아시아지역은 우리와 국경을 마주하고 있는 북한과 몽골, 라오스, 캄보디아, 필리핀, 버마 등 저개발국가들이 다수 포함되어 있다. 즉, 동아시아지역의 절반 이상의 국가들은 코로나19 확산에 매우 취약한 구조를 가진 국가인 것이다.

동아시아지역은 코로나19의 발원지인 중국을 중심으로 지역과 지역이 연결되는 지

5) 박승우, "동아시아 공동체 담론," 『아시아리뷰』 1집 1호, 2011, 서울대학교 아시아연구소, p.63.

형적 특징을 가지고 있다. 이러한 지형적 특징은 코로나19와 같은 전염병 확산에 매우 취약한 구조이다. 이는 코로나19의 초기 확산 경로를 통해서도 확인할 수 있다. 코로나19 발생 이전에도 동아시아지역의 협력 필요성에 대한 요구는 높았지만, 동아시아지역 내 중・일 경쟁 등으로 협력체계 구축이 이루어지지 않았다. 그러나 코로나19의 확산으로 인해 국제정치의 패러다임 변화가 불가피해졌고, 공통의 위기를 겪고 있는 동아시아 국가 간 보건안보협력 필요성에 대한 공감대가 형성되고 있다. 이러한 상황 변화는 향후 동아시아지역의 보건안보협력을 촉진할 수 있을 뿐만 아니라 다양한 분야에서의 협력체계 구축을 가능하게 할 것이다.

본 연구는 코로나19 확산 과정을 통해 코로나19가 세계보건안보 위협 요인으로 떠오르게 된 배경을 분석하고, 보건안보라는 신안보의 등장이 국제 사회에 미친 영향을 파악하고자 한다. 코로나19는 발원지로 지목되고 있는 중국이 포함된 동아시아지역에 훨씬 더 부정적인 영향을 주었을 것으로 예측된다. 이에 본 연구는 코로나19가 동아시아 각국에 미친 영향을 면밀하게 분석하고, 동아시아국가들이 코로나19 이후 어떻게 변화하였는지 비교・분석한다. 이는 향후 동아시아지역의 보건안보 협력의 가능성을 가늠하고, 협력체계 구축의 현안과 쟁점을 파악할 수 있는 근거가 될 수 있으므로 매우 중요하다. 본 연구는 논의와 분석 결과를 종합하여 결론에서 코로나19 이후 달라진 국제정치 패러다임 속에서 동아시아가 나아가야 할 길은 무엇인지 그 해답을 찾고자 한다. 본 연구가 한반도의 평화와 동아시아 역내 평화 정착 및 보건안보협력 강화를 위한 전략 수립에 시사점을 제공할 수 있기를 기대한다.

II. 코로나19 확산과 세계보건안보

1. 코로나19의 확산 과정

코로나19는 2019년 12월 중국 후베이성 우한시에서 처음 발생하여 초기에는 '우한폐렴'으로 지칭되었으나, WHO의 권고에 따라 '코로나19'로 공식 명명되었다. 발병 초기에는 원인과 전파 경로를 정확히 알 수 없는 호흡기 전염병으로 알려졌으나, 2020년 1월

9일 폐렴의 원인이 새로운 유형의 코로나바이러스(SARS-CoV-2)[6]인 것이 밝혀졌기 때문이다.

코로나19는 발생 초기 우한시 안에서 유증상자가 다수 확인되었다. 중국 당국은 역학조사를 통해 확진자들이 다녀간 화난수산시장을 폐쇄하였으나, 첫 환자 발생 한 달도 되지 않은 2020년 1월 11일 첫 사망자가 나왔다. 그 후 1월 13일 태국, 1월 15일 일본, 1월 20일 한국에 입국한 중국인이 확진자로 밝혀지면서, 코로나19가 중국을 넘어 동아시아지역으로 확산되기 시작하였다. 초기 코로나19의 확산 속도는 통제 가능한 수준이었으나, 중국 최대 명절인 춘절(春節)을 앞둔 1월 18일부터 19일 사이 급격히 환자가 증가하였다. 후베이성을 넘어 베이징과 상하이 등 중국의 대도시로 퍼지면서 감염자가 기하급수적으로 늘었다. 이에 중국은 1월 20일 전면대응을 선언하고, 후베이성 외 지역에서

[그림 1] 코로나19 초기 누적 감염자 수와 주요 사건

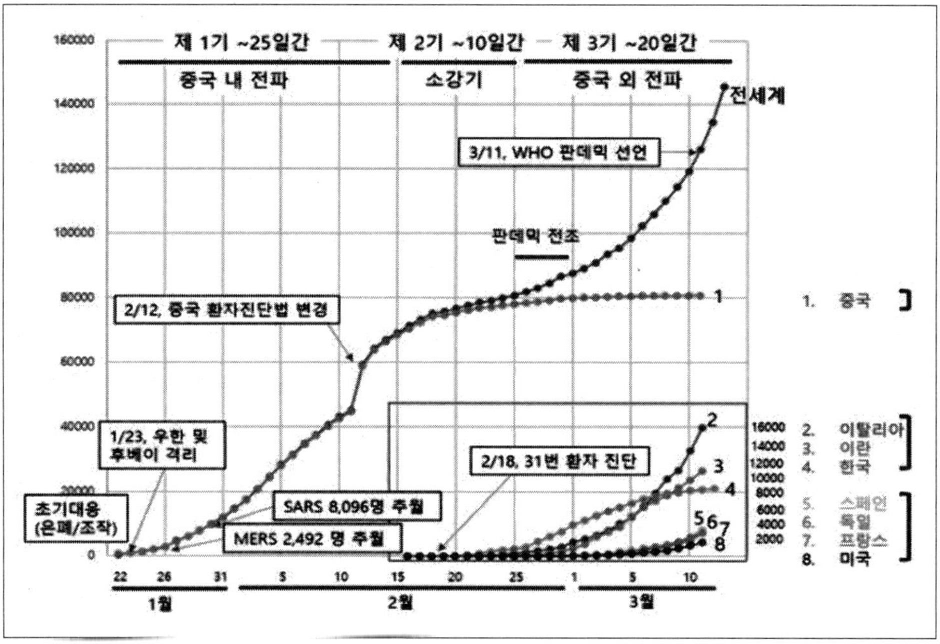

*출처: 조양래, "WHO 코로나19 팬데믹 선포의 의미와 국복을 위한 모두의 희생," 『메디게이트뉴스』, 2020. 3. 17. 〈http://medigatenews.com/news/1651669477〉.

---

6) 국제바이러스분류위원회가 우한폐렴의 발병원인이 되는 바이러스의 명칭을 2020년 2월 11일 명명하였다. 전환주 외, "코로나19 대응을 위한 국내외 치료제 및 백신 개발 현황과 과제," p.2.

첫 사망자가 나온 1월 23일 우한시를 한시적으로 봉쇄하였으나 이미 전 세계로 확산된 상태였다.

사태가 심각해지면서 WHO가 1월 30일 코로나19에 대해 '국제 공중보건 비상사태(PHEIC)'를 선포하였다. 코로나19 감염자가 중국을 넘어 전 세계 20여 개국으로 전파되었기 때문이다. 코로나19는 한국과 일본을 거쳐 유럽과 중동으로 이동하였다. 코로나19의 핫스팟이 연쇄 이동하며 세계 각국을 공격하기 시작한 것이다. 2월에는 한국과 일본이, 3월에는 중동과 유럽이 비상상황을 맞았다.

일본은 1월 도쿄 시내 하천을 운행하는 유람선에서 코로나19 환자가 확인되었는데, 해당 유람선에서만 700명 가까이 감염되었다. 전염병 확산 초기 일본은 올해 7월 개최 예정이었던 하계 올림픽의 정상 개최를 위해 몰두하고자 코로나19 확산 및 피해 방지에 집중하는 모습을 보였다. 하지만 전 세계적인 펜더믹으로 국제올림픽위원회(IOC)가 2020 하계 도쿄올림픽 개최 일정을 연기하자 이전보다 구체적인 코로나19 확산 저지를 위해 노력하였다. 한국은 일본보다 늦은 1월 20일 중국에서 입국한 중국인 관광객이 첫 확진자로 확인된 이후, 2월 10일까지 신규 확진자가 발견되지 않다가 서서히 증가하는 모습을 보였다.

이후 2월 18일부터 대구에서 신천지 교인이 확진된 이후, 역학조사를 통해 밀접 접촉자들이 검사를 받으며 신규 확진자 수가 급격히 증가하였다. 5월 8일 오전 0시를 기준으로 한국의 누적 확진자 수는 10,822명, 누적 사망자 수는 256명을 넘어섰다.

중동에서는 이란의 피해가 가장 컸다. 2월 말부터 사망자가 늘어나기 시작한 이란은 부통령 등 정부 고위직 인사까지 연쇄 감염되었다. 이슬람 성지 곰(Qom)을 시작으로 곳곳에서 감염자가 증가하여 중동 여러 나라로 퍼져나갔다. 이란은 3월 13일 감염자 1만 명, 사망자 1천 명을 넘어섰으며, 4월 초에는 감염자 5만 명, 사망자 3천 명 이상이 되었다. 유럽에서는 이탈리아가 확산의 중심이었다. 중국발 항공편을 봉쇄하는 등 강력대응에 나섰지만, 경로를 추적할 수 없는 감염자들이 대거 발생하여 전국으로 확산되었다. 이탈리아는 3월 말 감염자가 10만 명을 넘어섰고, 사망 후 진단된 사례가 다수 확인되어 사망률도 높게 나타났다. 이후 스페인과 프랑스, 독일 등 대부분의 유럽 지역에서 감염자가 폭발적으로 늘어났다.

대륙을 건너 미국에서도 감염자가 나타나기 시작하였다. 미국 서부의 워싱턴주에서 코로나19 지역감염이 시작된 이후, 노인요양시설에서 사망자가 속출하였다. 3월 19일 감염자가 1만 명을 넘어선 이후 폭증하여, 3월 27일에는 10만 명에 달하였다. 그리고 그로부터 5일 뒤에는 20만 명 이상이 감염된 것으로 확인되었다. 미국도 대도시를 중심으로 감염자가 폭증하였고, 사망자도 나날이 증가하였다.

[그림 2] 2020년 상반기까지의 대륙별 확진자 추이

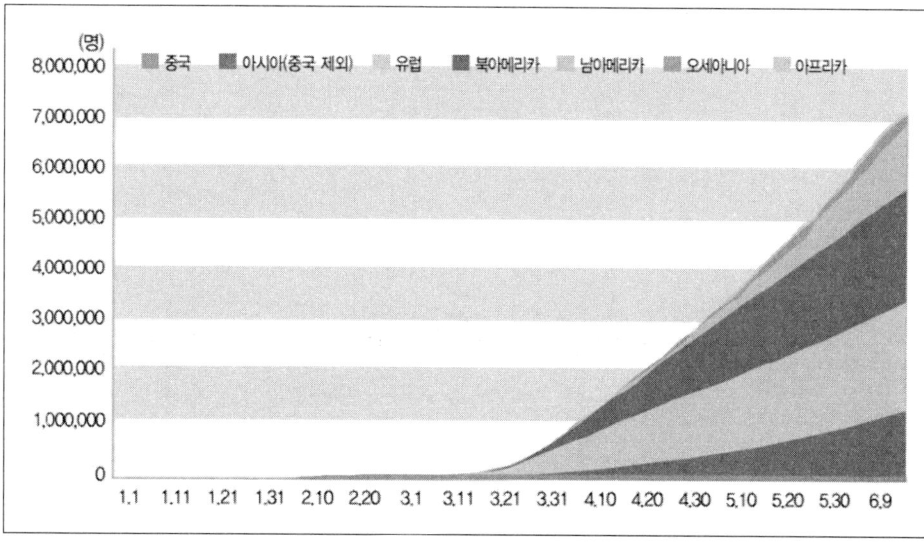

*출처: 최바울 · 권신정 · 이정은, "통계로 본 코로나19 발생 추이와 현황," p.34.

당초 코로나19는 코로나바이러스 특성상 날씨가 따듯해지면서 잦아들 것으로 예측되었다. 하지만 4월 들어서도 확산세가 꺾이지 않았다. 감염자 수는 한국시간 기준 3월 3일 100만 명을 넘어섰고, 사망자도 5만 명을 훌쩍 넘겼다. 코로나19는 여름을 지내면서 잠

〈표 1〉 전 세계 코로나19 현황

구분	확진자	사망자	격리해제	치명률	발생국
인원 수	63,056,949 (+7,537)	1,465,027 (+62)	43,248,594 (+6,891)	2.32%	219 (−)

주: 본 현황자료는 2020. 11. 30. 오전 1시 기준 집계된 자료임.
*출처: Corona Board 홈페이지, 〈https://coronaboard.com/global/〉.

시 소강 국면을 맞이하는 듯 보였으나, 8월부터 재확산되는 추세를 보이고 있다. 우한에서 시작된 코로나19는 여전히 해결되지 못한 채 전 세계를 위험에 빠뜨리고 있다.

[그림 3] 전 세계 코로나19 추이

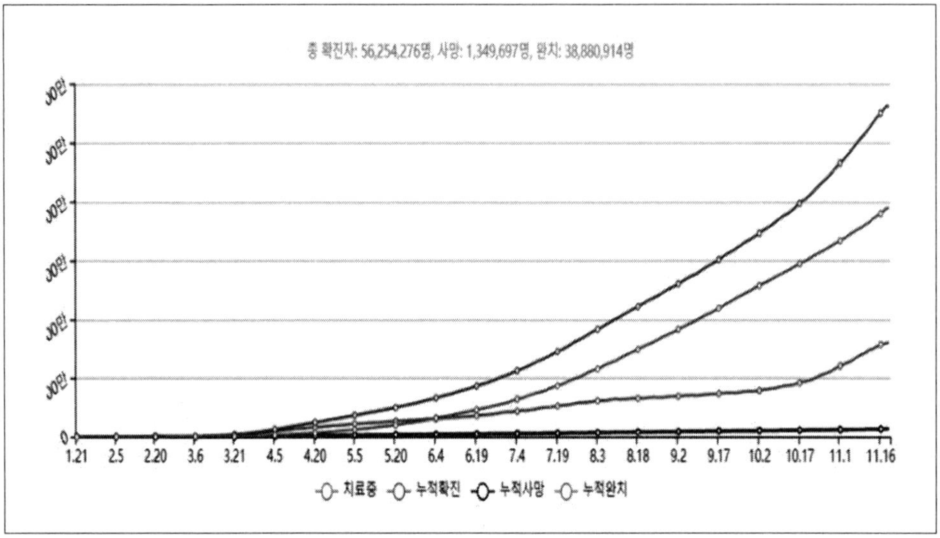

* 출처: 코로나19 실시간 상황판 홈페이지, 〈https://coronaboard.kr/〉, 검색일: 2020.11.19.

2. 신안보로서 보건안보 개념의 등장과 코로나19

탈냉전과 세계화 추세에 따라 국제 사회는 전통적 안보 개념 이상의 테러, 마약, 환경오염, 기후, 감염병 확산 등과 같은 비전통적 안보(non-traditional security)[7] 개념에 관해 관심을 가지기 시작하였다. 이러한 비전통 안보 개념은 전통적 안보 개념과 비교할 때, 다양한 이슈를 포함하며, 전 지구적인 성격을 가지기 때문에 국가 간 협력이 매우 중요한 과제들이 포함된다. 특정 국가에서 비전통적 안보 이슈가 발생한다면, 이후 해당 이슈가 인접한 국가로 확산될 우려가 클 뿐 아니라 심지어 지정학적인 연관성이 낮은 국가까지 피해가 확산될 수 있기 때문이다. 비전통적 안보 이슈의 파급력은 세계화

7) 비전통적 안보는 포괄안보(comprehensive security)와 같은 의미를 가진다.

와 정보화, 과학기술의 발달로 국가 간 상호연관성과 상호의존도가 강화됨에 따라 함께 커지고 있다.

코로나19는 사망자 수의 증가와 국가의 의료시스템 붕괴 위험 등 현실적인 피해가 즉각적으로 나타나면서 전 세계적으로 보건안보 이슈에 관한 관심이 높이는 계기가 되었다. 과거 월경성 대기오염 혹은 해양오염 등 환경 이슈는 저개발국가에서 주로 문제가 발생했고, 그 원인과 피해 규모를 측정하기 어려워 상대적으로 많은 관심을 받지 못하였다. 하지만 코로나19로 인한 피해는 즉각적으로 확인될 뿐 아니라 소위 말하는 선진국들에서 피해 규모가 더 크게 나타나 충격이 큰 것으로 분석된다. 그동안 비전통 안보는 주요 국가의 국가이익을 직접 침해하지 않았기 때문에 상대적으로 관심 밖에 있었는데, 국익을 직접 저해하는 비전통 안보 이슈가 발생하자 주요국들이 전략적인 선택을 한 것으로 보인다. 코로나19는 확산 초기 자유도가 높은 서구 민주주의 국가에 더 큰 피해를 주었다. 아래 [그림 4]는 민주주의와 코로나19의 확산이 명시적인 상관관계를 나타

[그림 4] 민주화 정도와 코로나19 확산과의 상관관계

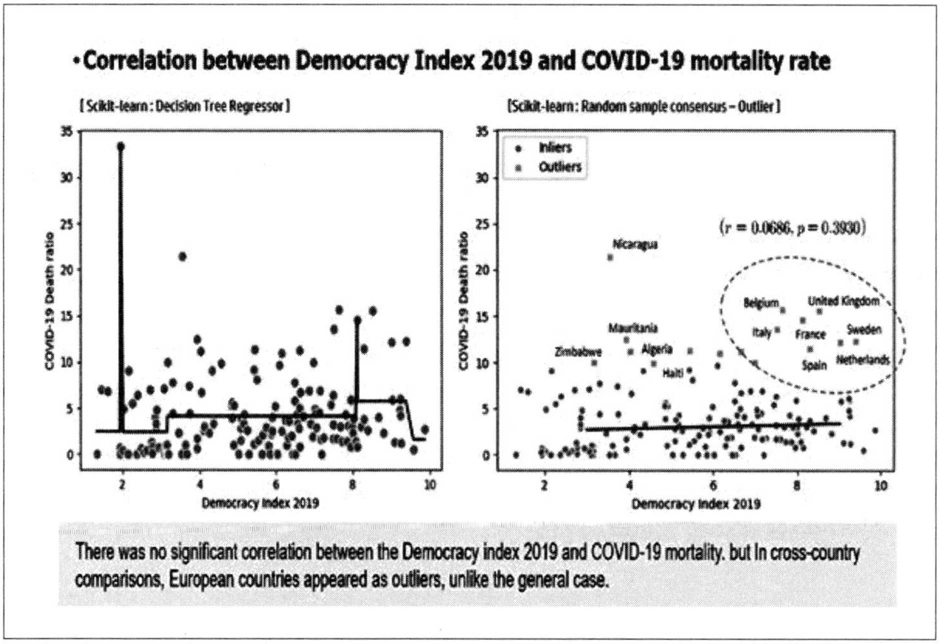

*출처: 고길곤 외, "데이터로 바라본 신흥국 코로나19 확산과정," SNU Responds to COVID-19, 〈https://www.snu.ac.kr/coronavirus/research?md=v&bbsidx=128296〉.

내고 있지는 않다고 설명하지만, 서구 선진국에서 코로나19의 피해가 눈에 띄게 나타나고 있음을 확인할 수 있다.

코로나19를 통해 국제 사회는 국제적 리더십의 상실을 경험하고 있다. 과거 전 지구적 위기 상황마다 앞장섰던 서구 선진국들이 코로나19 위기 발생 이후에는 오히려 자국의 피해를 복구하기 위해 몰두하는 모습을 보일 뿐이다. 코로나19 이후 미국의 리더십은 약화되었고, 중국에 대한 신뢰는 떨어졌다. 또 유럽연합의 단합된 힘도 발휘되지 못하고 있다. 이러한 상황 속에서 유엔과 유엔 산하 기구들의 역할은 제한적으로 작동될 뿐이다. 코로나19가 가져온 위기를 돌파할만한 리더십은 존재하지 않지만, 한 가지 다행인 것은 세계 각국이 코로나19 사태를 계기로 보건안보에 대한 공통의 위험 인식과 상호협력의 필요성에 대해 공감대를 형성하였다는 점이다.

물론 미국이 중심이 되어 코로나19의 발원지인 중국에 대해 배상 청구 등을 진행하려는 움직임을 보이면서, 이후 양상은 더욱 복잡해질 것으로 보이지만 코로나19가 종식되지 않은 현 상황에서 큰 충돌은 발생하지 않고 있다. 국제 사회가 중국에 대한 배상 문제에 어떤 태도를 취하느냐에 따라 미국과 중국의 경쟁 관계에도 변화가 생기고, 국제질서 역시 크게 달라질 것이다. 하지만 적어도 코로나19의 치료제나 백신이 개발되어 실효적 효과를 거두기 전까지 전 세계는 감염병의 확산을 막고 피해를 최소화하기 위해 보건안보 분야에서 협력적 관계를 유지하기 위해 노력할 것이다. 신안보 개념으로서의 세계보건안보는 코로나19를 계기로 국제 사회의 공통 과제로 자리 잡았다. 이제 세계는 바이러스 및 전염병과 같은 새로운 유형의 안보위협 요소에 대해 명확하게 인식하고 이에 대한 대응 방안을 모색하고자 노력할 것이다.

III. 코로나19 이후 동아시아국가 변화

1. 상호협력에서 손실 회피로의 전환

코로나19 이후 동아시아국가들은 정치, 경제, 사회, 문화 등 다양한 분야에서 많은 변화를 겪고 있다. 그중에서도 가장 눈에 띄는 변화는 '단절' 이다. 19세기 세계화가 추진된 이후 동아시아국가들은 경쟁 관계를 유지하면서도 상호협력을 강화하고 역내 통합된 질서를 확립하기 위한 노력을 지속하였다. 하지만 코로나19로 동아시아지역의 협력 노력이 손실 회피(coordination)와 이익 창출(collaboration)로 전환되는 모습을 보이고 있다.[8] 코로나19의 진원지인 중국에 대한 여행 제한 조치가 시행되었고, 국제 사회에서 한국을 비롯한 동아시아국가에 대한 입국 금지 조치 등 사실상의 국경봉쇄가 단행되었다. 코로나19의 팬더믹이 진행되던 2020년 4월 3일을 기준으로 96개의 국가 등이 중국에 대하여 4단계(국경봉쇄, 입출국금지, 비자제한, 비행중단)로 여행제한 조치를 시행하였다. 또 한국에 대해서도 몽골과 호주 등 100여 개국이 전체 또는 부분 입국 금지 조치 등을 실행하였다.[9]

[그림 5] 코로나19 초기 중국에 대한 여행 제한 국가 현황

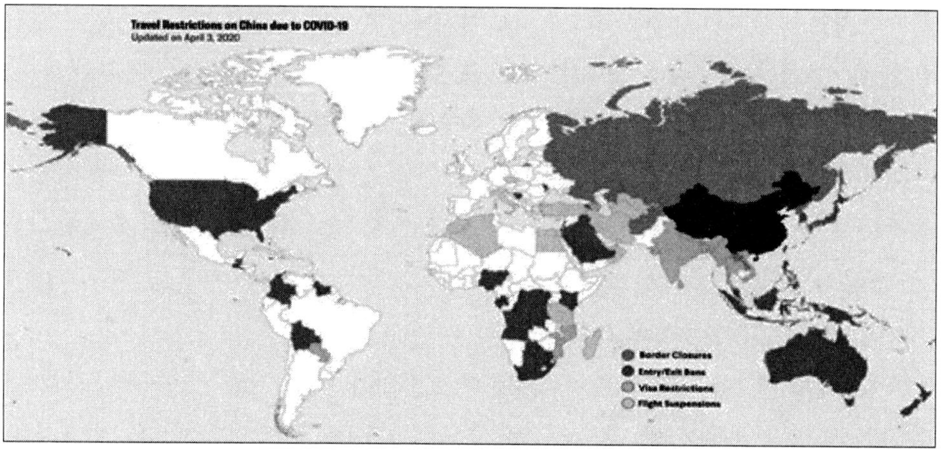

* 출처: Think Global Health 홈페이지, 〈https://www.thinkglobalhealth.org/article/travel-restrictions-china?due-covid-1〉, 이성우 · 정성희, "국제질서를 흔든 코로나19: 인간안보와 가치연대의 부상," p.9 재인용.

이러한 조치는 국제 사회에서 미국과 중국을 중심으로 한 책임 공방과 진영대결 형태로 변화하고 있다. 코로나19 확산 초기부터 큰 피해를 입은 유럽 및 북아메리카지역에서는 아시아인을 대상으로 한 화풀이 폭행 사건도 증가하였다. 코로나19로 인한 '아시

8) 이성우 · 정성희, "국제질서를 흔든 코로나19: 인간안보와 가치연대의 부상," 이슈&진단, No.13, 2020. 5. 13. 경기연구원, p.8.

9) 이성우 · 정성희, "국제질서를 흔든 코로나19: 인간안보와 가치연대의 부상," p.9.

아 포비아(Asia phobia)' 가 확산되면서 중국을 중심으로 한 동아시아지역에 대한 국경봉쇄 조치 등이 강화된 상태를 유지하고 있다. 동아시아지역은 향후 발원지 중국의 초기 대응 문제부터 확산의 핫 스폿(hot spot)으로 떠오른 동아시아 주요 국가에 대한 비판을 피하고자, 국가 간 거리 두기와 손실 회피를 위한 정책을 지속할 것으로 보인다.

2. 안정적인 코로나19 관리

현재 동아시아지역은 물론 전 세계에서 코로나19의 감염자 수는 지속하여 증가하고 있지만, 동아시아지역에서의 사망자 수와 확진자 수는 비교적 안정적으로 관리되고 있다. 한국과 대만 등은 국제 사회가 인정한 방역 우수국가이다. 이 두 나라는 방역을 위한 선택에서 명확한 차이를 보였다. 대만은 코로나19 확산 초기부터 중국에 대한 국경봉쇄를 추진하면서 감염원 유입을 원천적으로 차단하는 방식으로 방역 정책을 추진하였다. 반면, 한국은 발원지인 중국에 대한 국경봉쇄 없이 검역 강화와 개인 위생관리 강화, 사회적 거리 두기 추진 등의 방식으로 방역 정책을 추진하였다. 초기 감염원에 대한 대응 방식에서 차이가 있었지만, 한국과 대만은 방역의 효과가 확실히 검증 가능할 정도로 감염자 수 및 확진자 수가 안정적으로 관리되고 있다. 일본 역시 최근 들어 확진자 수가 1천 명을 넘어서며 증가세로 전환되었지만, 누적 사망자 수도 1,821명으로 서구 지역에 비하면 양호한 수준을 유지하고 있다.

미국의 일간지 Washington Post(WP)에 따르면 2020년 5월 기준, 인구 100만명 당 코로나19 사망자는 중국이 3명, 일본이 7명, 한국과 인도네시아가 5명, 베트남, 캄보디아, 몽골은 0명에 가까운 것으로 나타났다. 반면, 미국은 100만명당 사망자가 300명에 근접하였고, 영국과 이탈리아, 스페인도 500명을 넘어섰고, 독일도 100명이 넘었다.[10] 심지어 북한은 전 세계로 코로나19가 확산된 가운데 공식적인 피해가 없다고 발표하기도 하였다. WHO가 최근 발표한 자료에 따르면, 11월 5일까지 북한이 보고한 공식적인 확진자가 없는 것으로 확인된다. 북한은 11월 5일 기준, 코로나19 의심 증상자가 6,173명이며, 지난날 말까지 실시간 유전자 증폭(RT-PCR) 방식으로 검사한 사람은 12,072명으로

10) *Washington Post*, 2020. 5. 28.

집계되었다고 밝혔다.[11] 물론, 북한이 밝힌 자료를 곧이곧대로 믿을 수 없고, 6천 명 이상이 의심 증상을 보이는데, 단 한 명의 확진자가 없을 수 있을까 하는 의구심이 들 수 있다. 의심 증상자의 분류 기분을 확인할 수 없어 정확한 분석은 어렵지만, 북한이 의심 증상자를 일반 주민들과 잘 분리하였다면 코로나19의 확산을 효과적으로 통제할 수 있으므로 불가능한 일은 아니라고 판단된다.

3. 코로나19발 경제위기 고조

동아시아지역은 코로나19의 위기 상황을 비교적 안정적으로 관리하고 있음에도 불구하고 경제위기가 고조되고 있다. 코로나19에서 기인한 입국 금지 조치는 단순히 관광 및 사회문화교류뿐 아니라 경제 분야에도 직접적인 영향을 끼치고 있다. 코로나19발 동아시아 경제위기의 시그널은 곳곳에서 포착되고 있다.

세계은행(World Bank, WB)이 지난 9월 29일 발표한 보고서에 따르면, 코로나19로 아시아지역의 경제 성장률이 50여 년 만에 최저치를 기록할 것이며, 수천만 명이 빈곤층으로 전락할 것이라고 경고하였다. 올해 동아시아 · 태평양(EAP)지역의 경제 성장률은 0.9%에 그칠 것으로 전망되는데, 이는 1967년 이후 53년 만에 최저치라고 설명하였다. 0.9%의 성장률 전망은 중국의 경제성장률 예측치인 2%를 포함한 수치로, 이를 제외하면 나머지 EAP지역의 성장률은 마이너스 3.5%로 크게 하락할 것으로 보인다. 이로 인해 동아시아지역에서는 최대 3,800만 명이 하루 평균 소득 5.50달러 미만의 빈곤층으로 내몰릴 것으로 분석되었다. 이렇듯 가파른 빈곤층 증가는 20년 만에 처음 있는 일이라고 한다.[12]

국제통화기금(IMF)이 지난 6월 발간한 '세계경제전망(World Economic Outlook)' 에서 올해 아시아지역 경제 성장률이 −1.6%를 기록하며 사상 최초로 마이너스 성장할 것

---

11) 조은정, "WHO '북한 코로나 의심 증상자 6천명 이상…공식 확진자 없어,'" VOA, 2020. 11. 18. 〈https://www.voakorea.com/korea/korea-social-issues/covid-dprk-vaccine〉.

12) World Bank, "From Containment to Recovery," World Bank East Asia and Pacific Ecomomic Update October 2020, 2020. 9. 28. World Bank Group, 〈https://openknowledge.world bank.org/bitstream/handle/10986/34497/9781464816413.pdf〉; World Bank, "East Asia and Pacific: Pandemic 'Triple Shock' Hitting Economies Across Region," World Bank 보도자료, 2020. 9. 28. 〈https://www.worldbank.org/en/news/press-release/2020/09/28/east-asia-and-pacific-pandemic-triple-shock-hitting-economies-across-region〉.

으로 전망하고, 2021년 6.6%로 반등할 것이라는 예측치를 내놨다. 하지만 이에 대해 이창용 IMF 아시아·태평양 담당 국장은 2021년 이후의 경제전망은 "민간 수요의 강력한 회복을 전제로 하는 낙관적인 전망" 이라며, "아시아는 세계 공급사슬에 대한 의존도가 매우 높아 세계 경제가 악화되면 성장할 수 없고, 아시아 무역이 외부수요 약화로 감소하고 일본, 인도, 필리핀의 무역액이 20%가량 줄어들 것" 으로 내다봤다.[13]

이는 현재 동아시아지역 국가들이 코로나19 방역을 위해 경제활동 봉쇄를 추진하면서 사회·경제적 불평등이 고조되고 지정학적 긴장과 재정 악화 등을 이끌어낸 탓으로 풀이할 수 있다. 물론, 코로나19에 대응할 수 있는 백신과 치료제 등이 개발 막바지에 들어섰지만, 예상보다 길어진 경제봉쇄의 여파와 전염을 줄이기 위한 사회적 거리 두기 및 개인 생활양식의 변화 등으로 경제활동이 다시 전면적으로 회복되기는 어려울 것으로 보인다. 특히, 동아시아지역에는 비정규직 노동자의 비중이 높아 전염병으로 인한 소득 불평등의 확대와 고용 타격이 더욱 악화되기 쉬워 경제위기가 더욱 고조되고 있다.

4. 역내 국가 간 보건안보역량 차이 증가

동아시아지역 내 국가들은 경제력 격차가 큰 편이다. 동아시아지역 국가 중 7개국은 G20에 포함되지만, 나머지 국가들은 대체로 저개발국가에 속한다. 이 국가들은 보건안보역량에서도 많은 차이를 보인다. Johns Hopkins Bloomberg School of Publice Health의 Center for Health Security와 NTI가 공동 주관하는 '2019 글로벌보건안보지수(Global Health Security Index, GHS Index)' 에 따르면, 동아시아국가의 글로벌안보지수는 조사 대상국인 195개국 중 6위부터 193위까지 분포해있을 정도로 큰 편차를 보인다. 태국(6위)과 한국(9위)은 최상위권에 속하였고, 말레이시아(18위)와 일본(21위), 싱가포르(24위), 인도네시아(30위) 등은 30권 안에 들었다. 반면, 미얀마(72위), 라오스(73위), 캄보디아(89위), 브루나이(128위), 동티모르(166위), 북한(193위) 등은 60위권 밖에 위치하였다.

---

13) 조은임, "이창용 IMF 국장 '亞경제 2022년까지 회복 어려워'," 『조선비즈』, 2020.7.1.
〈https ://biz.chosun.com/site/data/html_dir/2020/07/01/2020070103514.html〉.

〈표 2〉 동아시아국가의 글로벌안보지수(GHS Index)

국가	Rank	Index Score	Population	Income
태국	6	73.2	50-100m	High
한국	9	70.2	50-100m	High
말레이시아	18	62.2	10-50m	High
일본	21	59.8	100m+	High
싱가포르	24	58.7	1-10m	Lower middle
인도네시아	30	56.6	100m+	Upper middle
몽골	46	49.5	1-10m	Lower middle
베트남	50	49.1	50-100m	Low
중국	51	48.2	100m+	Upper middle
필리핀	53	47.6	100m+	Lower middle
미얀마	72	43.4	50-100m	Lower middle
라오스	73	43.1	1-10m	Lower middle
캄보디아	89	39.2	10-50m	Lower middle
브루나이	128	32.6	〈1m	High
동티모르	166	26.0	1-10m	Lower middle
북한	193	17.5	10-50m	Low

* 출처: Center for Health Security, Johns Hopkins Bloomberg School of Publice Health and NTI, "Global Health Security Index," 2019, GHS INDEX, 〈https://www.ghsindex.org/wp-content/uploads/ 2020/04/2019-Global-Health-Security-Index.pdf〉.

이 같은 지수가 각국의 보건안보역량을 나타내주는 절대적인 척도가 될 수는 없겠지만, 국가 간 차이를 확인할 수 있는 자료로는 활용할 수 있다. 브루나이를 제외하고 글로벌보건안보지수가 높다고 평가된 국가들은 대체로 소득수준이 높은 국가들인 것이 확인된다. 국가의 경제력 수준에 따라 보건안보역량이 큰 편차를 보이는 것은 동아시아 보건안보협력의 걸림돌로 작용할 수 있는 요소이다. 특히, 보건안보역량이 낮은 국가들은 대체로 코로나19와 같은 감염병에 효과적으로 대응할 수 있는 보건의료체계를 갖추지 못한 경우가 많아 저개발국가에 더 큰 피해를 줄 수 있음을 의미하므로 이에 대한 대책 마련도 시급한 상황이다. 다음의 표는 동아시아국가의 코로나19 현황을 나타낸 자료이다. 이 자료를 보면, 글로벌보건안보지수와 정반대로 코로나19의 피해를 입고 있음이 나타난다. 이는 지수가 잘못되었음을 의미하기보다는 코로나19의 경우, 보건의료체계 외에도 많은 변수가 확산 및 사망률 증가에 영향을 주고 있음을 의미한다고 분석하는 것이 바람직할 것이다. 다만, 중요한 것은 저개발국가가 대체로 사망자가 많이 나오고 있다는 점에서 이러한 문제를 개선하기 위한 방안 마련이 시급하다고 할 수 있겠다.

〈표 3〉 동아시아국가의 코로나19 확진자 현황 (2020.11.29. 09시 기준)

국가	순위	사망자수	확진자수	비고
태국	10	3,966	60	
한국	6	523	33,824	11.29. 0시 기준
말레이시아	14	61,861	350	
일본	9	2,074	142,068	
싱가포르	13	58,199	28	
인도네시아	15	522,581	16,521	
몽골	7	738	–	
베트남	8	1,339	35	
중국	11	4,634	86,512	홍콩 6,123(109), 대만 648(7), 마카오 46
필리핀	12	8,255	425,918	
미얀마	16	86,633	1,865	
라오스	3	39	–	
캄보디아	5	308	–	
브루나이	4	150	3	
동티모르	2	30	–	
북한	1	–	–	

* 주: 순위는 사망자 수가 적은 곳부터 많은 곳 순으로 정리하였으며, 사망자가 없는 경우 확진자 수를 비교하고, 비고란의 수치는 확진자 수(사망자 수)를 의미함.
* 출처: 코로나바이러스감염증-19 홈페이지, 〈http://ncov.mohw.go.kr/〉.

Ⅳ. 동아시아 보건안보 전망과 과제

1. 동아시아 보건안보환경 전망

코로나19 이후 미래 사회에는 많은 변화가 있을 것으로 판단된다. 코로나19 이후 세계가 어떠한 경로를 따라 변화할지는 확언할 수 없지만, 몇 가지 차원에서 변화를 예측할 수 있다.

첫째, 강도의 차이는 있겠지만, 경제 침체와 기업 위기가 가속화될 것이다. 기업들은 수요 · 공급의 충격으로 도산하거나, 유동성 위기를 겪을 수 있으며, 신용 위험이 상당히 높아질 것으로 전망된다. 또 자본의 흐름이 둔화되고 경기회복을 위한 정부의 각종 기업규제 완화 정책이나 구제 금융이 필요한 상황이 발생할 수 있으므로 유동성 확보 등의 대비가 필요하다.

둘째, 디지털 전환의 가속화가 이루어질 것이다. 코로나19 상황 속에서 자가격리 및 이동 제한 등으로 디지털 시대로의 전환이 가속화되어, 더욱 편리한 가상공간을 만들기 위한 다양한 기술이 개발될 것이다. 또 개인의 온라인 의존도고 높아지면서 데이터 공유 및 기술 발전 가속화가 나타날 수 있으며, 디지털 트랜스포메이션이 필수불가결한 선택이 될 것이다.

셋째, 국제질서가 변화할 것이다. 각국은 공조 강화와 고립주의라는 선택지를 두고 외교전략을 수립할 수 있으며, 코로나19의 영향력에 의해 약화된 서구 사회 대신 동아시아국가가 패권 국가로 부상할 가능성도 있다. 물론, 미국과 유럽이 중심이 되어 중국에 코로나19에 대한 배상 청구 등을 추진할 경우 동북아시아국가가 패권을 잡게 될 가능성은 낮을 것이다. 하지만 국제 관계에서 많은 지각 변동이 예상된다.

넷째, 빈부 격차가 심화될 것이다. 이는 국가 내에서만 발생하는 일이 아니라 국가와 국가 간 빈부 격차도 심화될 것이다. 코로나19 상황 속에서 버틸 수 있는 자원을 더 많이 가지고 있는 부유층 혹은 부국은 저소득층 혹은 저개발국가와 비교할 때 충격이 작다. 저소득층 혹은 저개발국가는 무급휴가나 실업 등의 충격에 가장 빨리 피해를 입을 수 있고, 저개발국가는 국가봉쇄정책 하에서 경제 쇠퇴가 일어날 가능성이 크기 때문이다.

다섯째, 정부 권한이 강화될 가능성이 크다. 코로나19 이후 대부분 국가는 전염병의 확산을 방지하기 위해 민간을 통제하고, 감시를 강화하고 관련 기술 도입을 위한 입법을 추진하고 있다.

이러한 동아시아국가들의 환경 변화는 보건안보 환경에 직간접적인 영향을 미칠 수 있다.

2. 동아시아 보건안보의 협력 과제

동아시아 각국의 정상들이 지난 11월 15일 화상으로 개최된 제15회 동아시아 정상회의(EAS: East Asia Summit)에 참석하였다. EAS는 동남아시아국가연합(ASEAN) 10개국(브루나이, 캄보디아, 인도네시아, 라오스, 말레이시아, 미얀마, 필리핀, 싱가포르, 태국, 베트남) 및 한국, 일본, 중국, 호주, 인도, 뉴질랜드, 미국, 러시아 등 총 18개국이 회원국으로 있으며, 역내 주요 현안에 대해 관련국들이 자유롭게 의견을 개진하는 전략대화 포럼이다. 올해로 출범 15주년 맞은 EAS에서는 코로나19 위기 대응과 EAS 협력 점검 및 미래 방향, 지역 및 국제정세 등이 논의되었다. EAS에서 다양한 논의가 있었지만, 다자차원에서 동아시아지역의 보건안보 협력을 논의가 진행되지는 않았다.

본 연구는 논의 내용을 종합하여 동아시아 보건안보 협력을 위한 과제를 크게 두 가지로 정리하였다. 첫째, 전염병에 대한 인식 변화를 촉진하여야 한다. 세계화가 심화되고, 문명이 발전하면서 국내 방역만으로는 전염병을 퇴치할 수 없다는 점을 강조하고, 현대 의학으로도 해결할 수 없는 변종 혹은 신종 바이러스가 다수 존재하고, 앞으로 더 빈번하게 출연할 수 있음을 주지할 필요가 있다. 이러한 문제는 선진국과 저개발국가 모두에게 큰 부담이 될 수 있다. 국가의 경제발전 정도나 민주화 정도가 전염병으로부터 자유로워질 수 있는 권한을 부여하는 것은 아니라는 점을 명확히 인식할 수 있어야 한다. 국가 간 공동 협력의 틀을 다져야 할 것이다. 즉, 전염병을 둘러싼 국제 사회의 협력 틀은 새로운 전염병 레짐(epidemic regime)의 출현을 촉진해야 할 것이다.

둘째, 지속가능개발(SDGs) 측면에서 동아시아 보건안보협력을 추진해야 한다. 급속한 도시화와 지구온난화 등의 기후변화는 전염병 발생 가능성을 더욱 높이고 있다. 또 전염병의 위협 능력도 과거보다 더 커졌다. 코로나19와 이전 사스와 메르스 등이 명확하게 보여준 바와 같이 전염병은 개인의 건강을 위협하는데 그치지 않고, 국가 경제의 마비를 초래하고 사회질서를 약화시키는 등 국자 체제를 위협하는 요인이 되었다. 문제는 저개발국가의 경우, 전염병으로 인한 피해가 더욱 즉각적이고 큰 규모로 발생할 수 있고, 저개발국가에서 발생한 피해는 역내 선진국으로 파급될 우려가 크다. 따라서 향후 저개발국가에서 또 다른 전염병이 생산되어 확산되는 것을 방지할 필요가 있다. 다만, 이 국가들은 전염병 예방과 함께 성장을 추구해야 하는 입장임을 이해하고, 지속가능한 개발이 가능하도록 유도하고, 경제 문제와 함께 보건안보협력 의제를 다뤄 역내 저개발국가들의 적극적인 참여를 이끌어내는 것이 중요하다. 특히, 북한과 같이 한국과 중국, 러시아 등과 접경을 마주하고 있는 국가에서의 전염병 문제는 다발적 피해를 유발할 수 있으므로 북한까지 포함하여 지속가능개발 측면에서 동아시아 보건안보협력을 추진해야 할 것이다.

V. 결론

코로나19 환자가 처음 발생한 지 약 1년여 지난 현재에도 향후 국제 사회가 어떤 변화의 길을 걷게 될 것인지 예측하기 쉽지 않다. 전 세계 각국이 경쟁적으로 코로나19의 백신과 치료제 개발에 몰두하여 일부 소기의 성과를 거두고는 있으나, RNA계열 바이러스인 코로나19는 변이가 쉽고 빠르게 발생할 수 있어 단기간 내 해결되기는 쉽지 않아 보인다. 코로나19 사태가 한국과 북한, 더 나아가 국제 사회에 어떠한 영향을 미칠지는 코로나19 사태가 얼마나 더 장기화될지와 피해 규모에 따라 달라질 것으로 판단된다.

코로나19는 북한을 포함한 동아시아지역의 저개발국가들과 같이 보건의료체계가 잘 갖춰져 있지 않고 경제적으로 빈곤한 국가에 더욱 치명적이다. 실제로 북한은 코로나19로 국정 운영에 큰 차질을 빚었다. 코로나19의 유입을 차단하기 위해 추진한 대중 국경 폐쇄와 북한 내부의 이동 제한은 북한 경제에 큰 타격을 주었다. 이는 김정은 위원장이 8월 19일 열린 노동당 제7지 6차 전원회의에서 "국가 경제의 장성목표들이 심히 미진되고 인민생활이 뚜렷하게 향상되지 못하는 결과를 가져왔다"며 실패를 시인한 것에서 명확히 드러난다.[14] 이는 북한에 국한된 문제는 아니다. ASEAN 역시 코로나19 사태에 대응하는데 상대적으로 선방한 것으로 알려졌지만, 경제에 가져온 충격파는 심각하였다. 실물경제의 급격한 위축으로 경기 침체가 장기화되는 조짐이 뚜렷하게 나타났다. ASEAN은 특히 대외 의존도가 높은 경제 구조를 가지고, 가용 자원 및 예산 제약 등의 걸림돌로 인하여 경제난 해결의 실마리를 찾기 어려운 상황이다.[15]

따라서 동아시아국가들은 역내 저개발국가들의 열악한 보건의료 현실을 개선할 수 있도록 보건의료 인프라 구축 사업을 추진해야 할 것이다. 이번 코로나19의 확산 과정에서 확인되었듯, 동아시아국가들은 인적, 물적 왕래가 활발하고, 접경지역이 다수 있어 전염병 발생에 취약한 구조를 가지고 있다. 즉, 동아시아지역 내 한 국가에서 전염병이 발생하였는데, 이를 초기에 차단하지 못하면 코로나19와 같은 재앙이 또다시 발생할 수 있는 것이다. 특히, 북한은 한국과 접경을 마주하고 있어 전염병 관리가 매우 중요하다. 이는 아프리카돼지열병(ASF)과 조류독감(AI), 솔잎혹파리병, 한탄병 등의 확산 사례를 통해 확인되었다.

동아시아지역은 정치 · 경제 분야는 물론, 영토 문제 등의 갈등이 첨예하게 나타나는 지역이다. 하지만 경제 분야를 중심으로 한 협력의 필요성은 오랜 기간 강조되고 있다. 경제 분야의 경우, 역내 경제협력 협의체 설립 과정에서의 이권 문제로 원활하게 협의가 진행되지 않고 있다. 그러나 보건안보협력 문제의 경우, 협의체 설립 과정에서의 이권 문제가 비교적 적은 이슈이므로 보건안보협력을 강화하기 위한 협의체를 별도로 구성하고, 공동 TFT 등을 운영하는 방안을 마련해야 할 것이다. 특히, 코로나19의 경우 발원지 중국의 초기 대응 문제가 지속적으로 제기되고 있으므로, 역내 국가 간 투명한 정보공개 등을 강제할 수 있도록 법 · 제도적 보완책을 마련해야 한다.

또 이와 함께 한국은 북한이 핵을 통해 전통적 안보위협을 증대시키기 위해 오랜 기간 노력을 기울였으나, 첨단화되고 세계화된 현대 국제 사회에서는 핵보다 더 큰 위력을 가진 신안보 위협이 많다는 점을 주지시킬 필요가 있다. 코로나19와 같은 전염병이 단순히 보건안보 위협에 그치는 것이 아니라 국가안보를 위협하는 요인이 될 수 있다는 점을 강조하고, 북한이 핵을 내려놓을 수 있도록 설득해야 할 것이다. 다만, 북한을 대

---

14) 『조선중앙TV』, 2020.8.20.

15) 방정환, "코로나19 사태와 아세안 중소기업 디지털화," 『매경프리미엄』, 2020.10.16.
〈https: //www.mk.co.kr/premium/special-report/view/2020/10/29131/〉.

화 테이블로 이끌어내는 과정에서 영유아 및 코로나19에 취약한 노령인구와 기저질환 환자 등에 대한 긴급 의료지원 등 현실적이고 표적 지원 가능한 방안을 함께 병행해야 할 것이다. 또 이와 함께 한국 정부는 관련 예산을 마련하기 위한 방안을 투명하게 공개하고 남북보건의료 협력에 대한 국민적 공감대 형성을 위해 노력해야 할 것이다.

[참고문헌]

고길곤 외, "데이터로 바라본 신흥국 코로나19 확산과정," SNU Responds to COVID-19, 〈https://ww w.snu.ac.kr/coronavirus/research?md=v&bbsidx=128296〉.

박승우, "동아시아 공동체 담론," 『아시아리뷰』1집 1호, 2011, 서울대학교 아시아연구소.

방정환, "코로나19 사태와 아세안 중소기업 디지털화," 『매경프리미엄』, 2020.10.16. 〈https: //www.mk.co.kr/premium/special-report/view/2020/10/29131/〉.

이성우 · 정성희, "국제질서를 흔든 코로나19: 인간안보와 가치연대의 부상," 이슈&진단, No.13, 2020.5.13. 경기연구원.

전환주 외, "코로나19 대응을 위한 국내외 치료제 및 백신 개발 현황과 과제," 『보건산업브리프』 vol. 302, 한국보건산업진흥원, 2020.5.15.

『조선중앙TV』, 2020.8.20.

조양래, "WHO 코로나19 팬데믹 선포의 의미와 극복을 위한 모두의 희생," 『메디게이트뉴스』, 2020.3.17. 〈http://medigatenews.com/news/1651669477〉.

조은임, "이창용 IMF 국장 '亞경제 2022년까지 회복 어려워'," 『조선비즈』, 2020. 7. 1. 〈https ://biz.chosun.com/site/data/html_dir/2020/07/01/2020070103514.html〉.

조은정, "WHO '북한 코로나 의심 증상자 6천명 이상…공식 확진자 없어," VOA, 2020.11.18. 〈https://www.voakorea.com/korea/korea-social-issues/covid-dprk-vaccine〉.

차두현, "'코로나19' 를 통해 본 '신안보' 와 국제질서," 『이슈브리프』 2020-10, 아산정책연구원, 2020.3.25.

최바울 · 권신정 · 이정은, “통계로 본 코로나19 발생 추이와 현황,” 『통계프리즘』 2020 여름호, 통계청.

코로나바이러스감염증-19 홈페이지, 〈http://ncov.mohw.go.kr/〉.

Center for Health Security, Johns Hopkins Bloomberg School of Publice Health and NTI, “Global Health Security Index,” 2019, GHS INDEX, 〈https://www.ghsindex.org/wp -content/uploads/2020/04/2019-Global-Health-Security-Index.pdf〉.

Washington Post, “WHO declares a pandemic of coronavirus disease covid-19,” March 11, 2020.

Washington Post, 2020.5.28.

World Bank, “East Asia and Pacific: Pandemic ‘Triple Shock’ Hitting Economies Across Region,” World Bank 보도자료, 2020.9.28. 〈https://www.worldbank.org/en/news/press-release/2020/09/28/east-asia-and-pacific-pandemic-triple-shock-hitting-economies-across-region〉.

World Bank, “From Containment to Recovery,” World Bank East Asia and Pacific Ecomomic Update October 2020, 2020.9.28. World Bank Group, 〈https://openknowledge.worldbank.org/bitstream/handle/10986/34497/978 1464816413.pdf〉.

Corona Board 홈페이지, 〈https://coronaboard.com/global/〉, 검색일: 2020.11.30.

COVID-19 실시간 상황판 홈페이지, 〈https://coronaboard.kr/〉, 검색일: 2020.11.19.

Think Global Health 홈페이지, 〈https://www.thinkglobalhealth.org/article/travel-restric tions-china? due-covid-1〉, 이성우 · 정성희, “국제질서를 흔든 코로나 19: 인간안보와 가치연대의 부상,” 이슈&진단, No.13, 2020.5.13. 경기연구원 재인용.

대진대 DMZ 연구총서 2

제7장
북한의 자연관광 자원과 개발

신성희 _ 경기연구원

1. 북한 관광 개발의 이해

북한에서 '관광'은 새롭게 인식되고 있는 개념으로서 "다른 지방이나 다른 나라의 자연풍경, 명승고적, 인민경제의 발전면모, 역사유적 등을 구경하는 것"으로 설명하고 있다. 관광이라는 용어가 경제활동과 관련하여 공식적으로 사용되고 있는 곳은 1984년에 제정된 「조선민주주의 인민공화국 합작법」과 1984년에 마련된 「조선민주주의 공화국 합영법」 및 1996년 승인된 「자유경제무역지대 관광규정」등이다. 위의 합작법이나 합영법에서 합작사업의 대상분야로 관광봉사 부문을 거명하고 있으나 합작사업을 어떻게 추진하고 관광부문의 성격을 어떻게 규정하는지에 대해서는 언급하고 있지 않다. 최근의 「자유경제 무역지대 관광규정」에서도 '관광'에 대한 구체적인 개념을 밝히지 않고 있으며 "관광에는 려행을 통한 구경, 인식, 휴양, 연구, 오락과 같은 것이 포함된다"라고 설명을 하고 있다(현대경제연구원, 2005).

중국·쿠바 등 사회주의 국가들에서 관광이 외화획득에 큰 역할을 하고 있음을 인식하면서, 북한은 우수한 자연환경을 활용한 관광객 유치를 통해 단기간에 많은 외화를 획득할 수 있는 중요한 수단으로 보고 있다. 이에 "조선민주주의인민공화국 합작법(1984)", "조선민주주의공화국 합영법(1984)", "자유경제무역지대 관광규정(1996)"의 합작·합영사업의 분야에 관광부문을 포함시키며 관광의 중요성을 인식하게 되었다.

특히 북한은 1994년 이후로 본격적인 관광객 유치를 시도하였다. 국가관광실행계획(National Tourism Action Plan)에서 국제관광 개발의 주요 목적으로 지역주민의 경제적 혜택 창출, 자연보호, 사회적 조건 및 인적 자원과 일치되는 균등한 분배 추구를 명시하면서, 관광 개발을 위한 다양한 노력을 시작하였다. 남포 와우도 지구, 원산 송도원 지구, 통천 시중호 지구, 나진·선봉지구, 해주, 함흥을 외국인 전용 관광구역으로 설정하였다.

평양외국어대학, 평양상업대학, 국제관계대학 등에서 관광교육을 시행하여 전문인력을 배출하고 있고, 동남아시아에서 어학교육, 연수 등을 실시하고 있다. 재원조달을 위해 일본, 홍콩 등에서 투자설명회를 개최하여 외자유치도 시도하고 있다. 세계관광기구, UNDP, PATA 등 국제 관광기구를 통한 관광개발도 추진하고 있는데, 이는 국제협력의 필요성을 인지하였기 때문이다.

〈표 1〉 북한의 관광개발 추진현황

계획	주요시책
관광지구 개발계획	• 4대 관광지구지정, 집중개발(97.4) - 나진 · 선봉자유경제무역지대 - 두만강지구(회령, 온성중심) - 압록강지구(신의주 중심) - 칠보산지구(함북) • 금강산 계발계획 - 동아시아 최대의 관광단지 조성계획 - 싱가폴 형태의 관광개발 목표 • 칠보산 · 구월산 지구개발계획
관광기반 시설확충	• 평양－향산간 120km 관광도로개통(95.10) • 백두산 향도봉－천지간 케이블카 운행(1.3km) • 원산－금강산간 101.5km 개통(97.4) • 회령－학송간 전철화로 북부지구 철도순환망완성
관광인력 양성	• 평양소재 일부대학에 관광학부 신설운영 • 관광전문일꾼양성학교 설립 - 안내요원, 접대서비스요원, 전문요리사 양성
관광관련 법규제정	• 자유경제무역지대 관광규정(96.7) - 관광여행절차, 관광관리, 지대내 관광부문에 대한 외국인 투자 등 명시
관광시장 다변화	• 동남아지역 관광객 유치노력 - 국제 여행사 사무소 설치, 항공노선 개설 - 현지 여행사에 대북비자 발급업무 대행허용
신규관광 상품개발	• 신의주, 샛별, 온성군 등 압록강, 두만강 지역 - 1~3일 단기관광코스 개발(변경관광) • 백두산 천지 외국관광객에 대한 무비자 개발추진 • 버섯채취, 사이클링 투어 등의 관광상품개발 • 남한주민에 대한 금강산 관광상품개발(98.11)

*출처: 통일부, 2007

1998년 이후 금강산관광이 실시되면서 외화획득을 위한 관광개발은 더욱 중시되고 있다. 2002년 아리랑 축전은 관광인프라에 대한 인식을 바꿨으며, 전시회 및 교역전의 중요성도 인식되어 동남아 등지에서 유치활동을 전개하기도 했다.

2. 주요 자연관광 자원과 개발 현황

(1) 주요 자연관광 자원의 분포 현황

관광자원은 관광활동에 필요한 제반요소들을 의미한다. 즉, 관광자원은 관광객의 의욕을 유발시키고 동기를 충족시키는 유·무형의 자원이다. 이는 형태에 따라서 자연적 관광자원, 문화적 관광자원 등으로 분류된다.

북한의 관광자원은 크게 문화유적지, 자연자원 및 경승지(명승), 온천 휴양지로 구분되며 유적, 사적, 자연경승, 문화재 향토특산물 등 관광자원 또한 비교적 온전히 보호·관리되고 있다.

[그림 1] 북한의 관광자원 유형

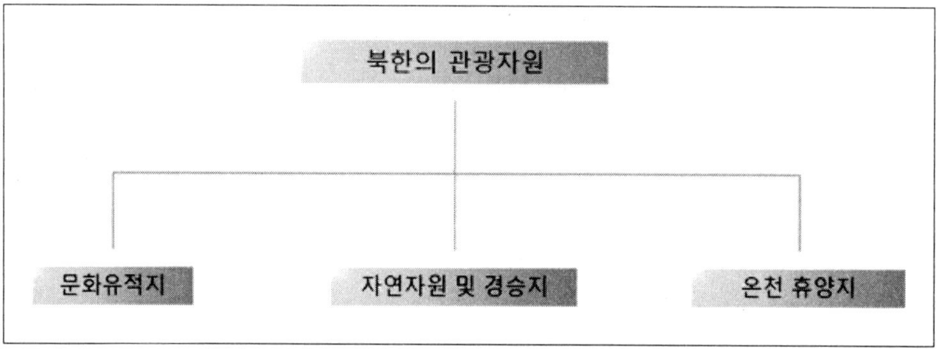

* 출처 : 통일부, 2007의 내용을 재구성

북한은 상대적으로 좁은 규모의 국토이지만, 특색 있고 다양한 자연관광 자원들을 많이 보유하고 있다.

구체적으로 살펴보면, 자연 명승은 해안 혹은 내륙 산간지대에 분포되어 있다. 이러한 명승지들은 최근 산간지대가 개발되고 도로가 확장되면서 점차 알려지고 있다. 대표적으로 내륙지역에는 금강산, 백두산 동쪽의 백무고원, 함경북도 칠보산, 함경남도 부전고원·백운산, 황해도 수양산·구월산·장수산, 평안북도 묘향산·석승산, 양강도와 자강도 경계의 장자산·오가산 등이 있다. 해안지역에도 자연명소가 산재해 있으며 휴양·관광지, 해수욕장 등으로 이용되고 있다.

[그림 2] 다양한 지형경관의 금강산 관광특구 모습

산악지형: 만물상 일부　　　급애와 폭포: 비봉, 구룡포

해안: 해금강　　　호수: 삼일포

* 출처: 신성희(2006)

이처럼 북한은 풍부한 관광자원을 지니고 있는 반면, 관광산업은 기초적인 단계에 머물러 있다. 이는 관광산업이 여전히 부정적으로 인식되고, 체제적·사회적 폐쇄성과 열악한 시설의 한계에 부딪치기 때문이다. 특히 체제적이고 강도 높은 폐쇄성은 관광활동을 크게 제약하고 있다.

(2) 주요 관광특구의 개발 현황과 특징

① 북한의 관광특구

북한에서의 관광특구는 다른 사회주의국가들의 개방과정에서 도입된 경제특구의 한 가지 유형으로 이해된다. 그러나 기존의 경제특구에서 관광개발만을 목적으로 하는 경

〈표 2〉 북한의 자연관광자원 유형

구분	내용
동서 두면이 바다를 끼고 있는 지형	동해는 가장 넓고 깊은 곳이며, 만 · 반도 · 섬이 적고 해안선이 곧음. 동해의 섬 267개중 188개가 북측에 있음 서해는 북한과 중국 사이의 만과 같은 얕은 바다임
자연호수 100여개, 인공호수 1,700개 이상	자연호수: 백두산 천지, 삼지연, 서번포, 광포, 장연호, 시중호, 삼일포 저수지: 수풍호, 부전호, 장진호, 만풍호, 연풍호, 태성호, 서홍호
92개의 약수지대 52개의 온천지대	국토 면적에 비해 온천과 약수가 많음 온천: 주로 해안에 위치. 경성온천, 웅진온천, 석탕온천 외금강온천 약수: 주로 내륙에 위치광명약수, 강서약수, 옥호동약수, 삼방약수
자연 · 자연자원 보존 · 연구 · 교육의 목적으로 자연보호구 설정	종류: 자연보호구, 식물보호구, 동물보호구, 바다새 번식보호구, 수산자원보호구 등 동식물 · 광물암석 표본 채집시 관리기관의 승인 요구 답사 · 실습 · 견학시 지정된 길로 통행

* 출처: 통일부, 2007의 내용을 정리.

우는 없었으며, 종합형 경제특구의 한 부문으로서 개발 · 대외개방과 함께 추진되고 있었다. 중국 또한 경제특구 내 외국인들에게 관광산업을 활성화하는 차원에서 관광을 허용했다.

북한의 경제특구가 이전의 금강산 관광과 어떤 차이를 지니고 있는지는 현재 분명하

〈표 4〉 북한측 관광관련 경제특구 및 경제개발구 현황

분류	명칭	면적(km²)	지정연도	주요기능
경제특구	원산–금강산국제관광지대	100.0	2002	국제적 관광지
중앙급 경제개발구	무봉국제관광특구	84.0	2015	백두산 연계관광지
지방급 경제개발구	청수관광개발구	37.7	2014	혁명사적지, 관광단지 등
	신평관광개발구	8.1	2013	탑승, 휴양, 체육, 오락 등
	온성섬관광개발구	1.7	2013	수영장, 골프장, 경마장 등

* 출처: 김성윤 외, 2018

지 않으나, 대체로 경제특구와 유사하게 일정 지역을 개방하고 법률 · 제도 등이 다르게 적용되는 지역으로 볼 수 있을 것이다. 따라서 북한 내에서 관광특구가 지정될 경우 이동 허용, 외국계 자본 투자 허용, 출입국 간편화 등 더욱 다양하고 포괄적인 개방적 조치가 이루어져야 할 필요성이 제기되고 있다.

② 관광특구의 조성: 대남 개방, 금강산 관광특구 개발

기존의 종합적인 경제특구에서 관광전용 개발을 목적으로 하는 북한 영내 최초의 관광특구는 '금강산 관광특구'의 조성으로 볼 수 있을 것이다. 이러한 금강산 관광개발 사업은 분단 이후 반세기만에 현실화 되었다(1998년 11월 18일 금강호의 첫 출항).

[그림 3] 장전항으로 출항하는 '현대 금강호'(1998년)

* 출처: 한겨레 신문 기사, 2010년 4월

이는 '햇볕정책'이라 일컬어지는 정부의 전향적인 대북정책, 그리고 현대그룹 창업주의 강력한 사업의지 등에 토대하여 상당히 빠른 속도로 진행되었다. 분단상황 아래, 북한 영토를 경험하는 감격 속에서 순조로웠던 금강산 관광은 개시 7개월만에 남측 관광객이 억류되면서 잠정 중단되었다가 재개되었다. 2003년 9월부터는 육로관광이 시작되며 더욱 활기를 띄게 되었다. 그러나 2008년 7월 11일 남측 관광객 한명이 북한군인에 피격되는 사건으로 인하여 금강산 관광은 전면 중단하게 되었다. 그간 금강산 관광특구가 개발되어 남측 방문객들이 왕래하면서도 여러 가지 문제점들을 노정하게 되었다.

우선 당시의 북한 내 관광에 대한 인식이 미약하였다는 점을 들 수 있다. 관광객을 위한 편의 · 서비스 제공에 부정적이었으며, 북한의 내부 시스템상 오랜 시간이 소요되었다. 또한 현지 주민과의 접촉을 제한함으로써 북한 주민들과 만나고 문화를 체험하길 원하는 관광객들의 욕구를 충족시키지 못하였다. 즉 금강산 관광은 관광객들의 요구를 충족시키지 못하는 근본적인 한계를 지니고 있었으며, 금강산에 대한 한국 국민의 신비함, 외경감, 동경심 등에 의존하여 집객력이 유지되고 있었다 해도 과언이 아니다.

따라서 북한의 관광에 대한 제한적 요소를 제거하고, 관광객들의 자유로운 행동이 보장될 필요성이 재기되었다. 금강산 관광에 행동의 제한이 많은 점을 '하지마관광', '철조망관광' 등으로 평가했던 것은 금강산 관광의 다소 높은 수위의 통제와 관광경험의 제약에 대한 부정적이고 냉소적인 평가들일 것이다. 역사적으로 한반도의 가장 아름다운 명산이자 한국인이라면 평생 한 번은 꼭 한 번 가보고자 하는 장소인 금강산으로의 관광은 과거의 불행한 사건으로 중단되었다가 현재의 국제적인 정치경제 등의 상황이 맞물리면서 결국 무기한 폐쇄된 상태이다.

③ 최근 관광특구의 경향: 국제성 강화

2012년도에 김정은 위원장은 "조선(북한)이 경제 발전을 하려면 외국 투자를 받아야 하는데, 지금 미국이 제재를 가하는 상황에서 방법이 많지 않다. 현재 외화를 벌 수 있는 가장 쉬운 방법은 관광이다. 관광객을 대폭적으로 늘려 관광을 발전시켜야 한다(남성욱, 2019)"고 하였는데, 여기에서 북한이 관광을 특히 현재의 제재 상황에서 최선이자 거의 유일한 외화벌이의 수단으로 보고 있음을 알 수 있다. 또한 "관광업을 중요산업의 하나로 발전시키기 위해 적극 노력하고 있다"고 스스로 언급하고 있다(조선중앙통신, 2013년 8월 28일). 이처럼 오늘날의 북한은 관광산업을 적극적으로 활용하려 하고 있으며, 특히 외화벌이의 수단으로서 강조되고 있다. 이에 2013년 '경제개발구법' 을 만들면서 북한 전역에 13개의 경제개발구가 설치되었고, 2014년 추가로 6개가 추가되어 현재

총 19개 경제개발구가 있다. 2015년에는 무봉산국제관광특구, 경원경제개발구까지 확대되었는데, 이중 관광특구 및 개발구는 5개가 있다. 2013년에 온성과 신평, 2014년에 청수와 금강산이 2015년에는 무봉이 차례로 지정되었다.

[그림 4] 북한의 경제특구 및 경제개발구 → 교체

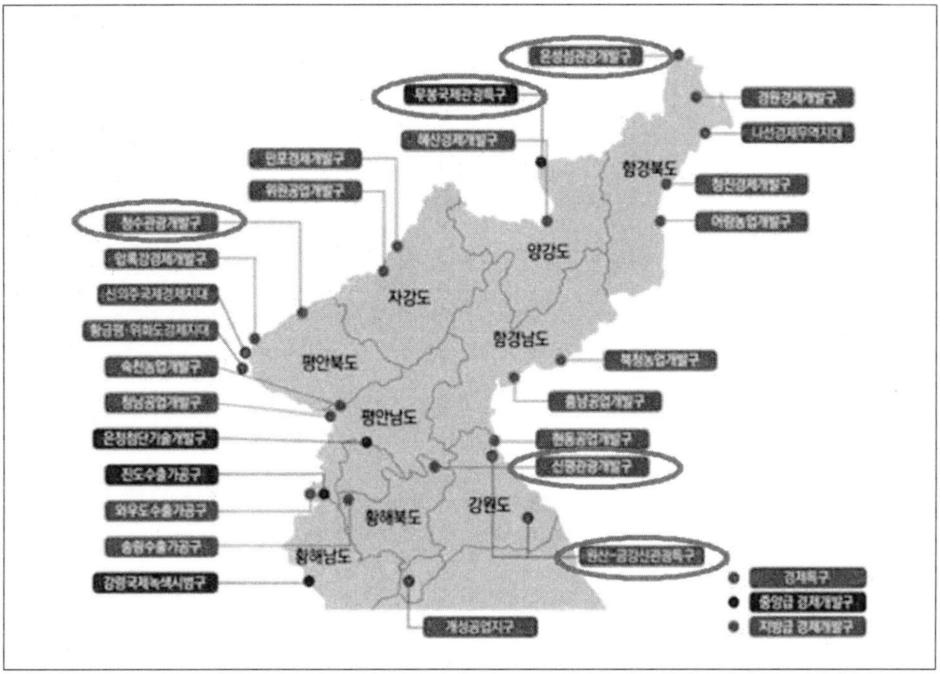

*출처: 남북협회 뉴스레터, 2017년 5월

북한 내부에서도 관광산업 육성 활동이 활발히 전개되었다. 국가관광총국 산하 조선국제여행사는 외국 대사관 관계자, 여행사 대표를 상대로 외자 유치 설명회를 열었다. 총국 산하 국제여행사는 상하이에서 북한 관광 설명회를 열었고, 런던에서 열린 '세계여행박람회' 에 북한 여행상품을 출시하기도 했다. 지속적으로 중국으로부터 관광 수요를 끌어들이고자 했으나, 동시에 중국 의존도를 줄이고자 노력하고 있다. 이에 따라 외국인 관광객 다변화를 도모하기 위하여 스위스에서 열린 '베른 홀리데이 박람회' 에 참가하여 북한의 관광명소를 홍보하기도 했다.

[그림 5] 스위스 베른의 관광박람회의 북한 부스

*출처: VOA뉴스, 2015년 1월

이전 금강산 관광특구도 보완한 것으로 파악된다. 우선 현재 대남 관광개방은 폐쇄하였으나, 그 밖의 중국을 비롯한 외국에 대한 개방 수위를 이전보다 높인 것이 특징이다. 가령 새해 첫날 가정집을 외국인 관광객에 공개하기도 하며 평양 국제축구학교와 만경대상 마라톤대회와 군 영화촬영소 등을 개방했다. 신의주에 처음으로 외국인 숙박 관광을 허용하였으며 새로운 관광코스가 개통되면서 북한 국경도시가 추가로 정식 개방되었다(통일부, 2016).

교통을 비롯 관광개발에 요구되는 인프라 · 서비스도 개선하였다고 알려져 있다. 기존 군사공항이었던 어랑공항(칠보산 인근), 삼지연공항(백두산 인근), 갈마공항(원산 인근)을 민영화하고, 백두산 관광철도 공사를 다시 시작하였다. 원산에 관광객을 대상으로 하는 호텔이 새로 건설되고, 마식령 스키장을 완공했다.

이처럼 북한은 최근 관광을 정식 산업화하여 대내외 관광을 허용하고, 관광개발구 지정, 관광전문 인력양성, 관광산업의 상업적 발전연구 등을 통해 관광산업 활성화 정책을 그 어느 때 보다도 적극적으로 추진하고 있다.

과거에는 엄격히 제한되었던 '관광' 을 최근에는 산업으로 인정하고 적극 허용하고 있다(박은진, 2019). 일례로 북한주민의 국내여행에 대해 과거에는 관혼상제의 경우에만 여행증명서로 지역 이동을 허용했으나, 현재는 유료관광이 생겼고 모객광고도 하고 있다. 외국관광객은 사회주의 폐쇄정책에 따라 엄격히 통제했으나, 현재는 외화수입 및 투자유치를 위한 관광산업 활성화를 위한 방안을 적극적으로 추진하고 있다.

특히 평양 중심의 국제관광지를 다른 지역으로 다각화하려는 노력들이 보고되고 있다. 특히 원산−금강산관광 개발구는 김정은 위원장의 관심으로 관광개발구들 가운데 중 가장 우선하여 개발이 진행될 것으로 전망된다(박은진, 2019).

④ 종합 및 향후 전망

북한은 대북제재로 인한 경제봉쇄의 돌파구의 주요한 수단으로서 관광산업에 더욱 집중하려는 중이며 이러한 경향은 향후에도 지속될 것으로 예상된다. 현재까지 북한관광은 폐쇄국에 대한 호기심을 기반한 것으로, 종합적으로는 국제적인 경쟁력과 차별성을 갖춘 관광 상품의 개발이 부족하다는 평가가 지배적이다. 앞으로는 오염되지 않고 개발의 훼손으로부터 보호되어 온 빼어난 아름다움을 자아내는 자연풍광을 지닌 명승지, 명산 등의 상품화에 보다 적극성을 띄게 될 가능성이 높다. 금강산, 백두산과 같은 명산 그리고 DMZ 등은 이러한 오염되지 않은 순수한 자연경관과 생태를 간직하고 있는 잠재적인 관광자원들로서, 보존된 환경자산에 기초한 상품개발이 심화 될 것으로 보인다.

또한 원산−금강산 관광개발구는 북한당국의 집중투자지로서, 기존 금강산 관광으로 구축된 인프라 등의 활용 및 확장 등 측면에서 관광개발구들 가운데 우선적인 투자와 개발이 투입될 것으로 예상된다.

대진대 DMZ연구원 연구총서 ❷

DMZ 평화와 접경 협력

•

지은이 / 김효은 외
발행인 / 김영란
발행처 / 한누리미디어
디자인 / 지선숙

•

08303, 서울시 구로구 구로중앙로18길 40, 2층(구로동)
전화 / (02)379-4514, 379-4519
Fax / (02)379-4516
E-mail/hannury2003@hanmail.net

•

신고번호 / 제 25100-2016-000025호
신고연월일 / 2016. 4. 11
등록일 / 1993. 11. 4

•

초판발행일 / 2021년 6월 1일

•

•

값 15,000원

•

※잘못된 책은 바꿔드립니다.
※저자와의 협약으로 인지는 생략합니다.

•

ISBN 978-89-7969-839-8 93340